新媒体内容策划

IMS（天下秀）新媒体商业集团 编著

清华大学出版社
北京

内容简介

随着新媒体、电子商务等行业的快速发展，行业对相关专业人才的需求与日俱增。本书全面且细致地讲解新媒体内容策划的相关专业知识。

全书共分8章，分别是走进新媒体、内容策划、新媒体内容的形式与思维、新媒体内容制作的流程和方法、新媒体内容的生产与创建、新媒体内容的包装与推广、新媒体内容策划的发展方向和新媒体内容策划实战，其中第1～7章均包含基础理论知识与相关案例分析，第8章则在前面学习的基础上，结合不同的新媒体平台开展任务实战。本书用理论知识指导实践操作，用实践操作巩固理论知识，循环渐进，通俗易懂。另外，本书赠送课程标准、授课大纲、讲义、PPT课件以及测试题，以便读者学习和教师授课。

本书具有很强的实用性，适合高职、大中专院校相关专业的学生和新媒体运营岗位职场新人使用。

本书封面贴有清华大学出版社的防伪标签，无标签者不得销售。
版权所有，侵权必究。举报：010-62782989，**beiqinquan@tup.tsinghua.edu.cn**。

图书在版编目（CIP）数据

新媒体内容策划 / IMS（天下秀）新媒体商业集团编著. —北京：清华大学出版社，2022.2（2024.1重印）
（新媒体营销系列）
ISBN 978-7-302-60012-1

I. ①新… II. ①I… III. ①传播媒介－营销策划 IV. ①G206.2

中国版本图书馆CIP数据核字（2022）第014092号

责任编辑： 张　敏
封面设计： 郭二鹏
责任校对： 胡伟民
责任印制： 杨　艳

出版发行： 清华大学出版社
　　　　　网　　址： https://www.tup.com.cn, https://www.wqxuetang.com
　　　　　地　　址： 北京清华大学学研大厦A座　　**邮　编：** 100084
　　　　　社　总　机： 010-83470000　　**邮　购：** 010-62786544
　　　　　投稿与读者服务： 010-62776969, c-service@tup.tsinghua.edu.cn
　　　　　质 量 反 馈： 010-62772015, zhiliang@tup.tsinghua.edu.cn
印 装 者： 小森印刷霸州有限公司
经　　销： 全国新华书店
开　　本： 170mm×240mm　　**印　张：** 14.25　　**字　数：** 355千字
版　　次： 2022年4月第1版　　**印　次：** 2024年1月第3次印刷
定　　价： 69.80元

产品编号：094796-01

编委会名单

编 著 者：IMS（天下秀）新媒体商业集团

编委会成员（排名不分先后）：

王 薇	王冀川	卢 宁	李 檬	李 剑	李文亮
李云涛	李 杨	孙 宁	孙杰光	孙 琳	刘 鹤
张歌东	张宇彤	张建伟	张 烨	张笑迎	张志斌
陈 曦	陆春阳	徐子卿	韩 帆	郭 擂	段志燕
杨 丹	杨 羽	吴奕辰	袁 歆	唐 洁	雷 方
蔡林汐	韩世醒	秦 耘	樊仁杰		

目前，基于新媒体平台内容的产品深受大众欢迎，不断出现的如直播、短视频等新媒体平台内容形式正在快速发展，掀起了全民内容消费的热潮。但随着新媒体行业的繁荣，如何确保新媒体内容生产的质量成为了每个新媒体人需要思考的问题。本书聚焦于新媒体内容的策划，通过理论与实践相结合的方法，完成教学培养目标。本书重点培养学生关于新媒体内容的策划、运营及营销等方面的专业能力，使学生掌握新媒体内容制作的相关知识，提高学生的从业能力，为蓬勃发展的新媒体市场培养和输送更多的专业人才，缓解行业人才短缺的压力。

本书内容

本书共分 8 章，每章围绕一个知识主题，设置了相关的课堂讨论与时下热门的案例分析，采用案例教学、情景模拟和角色模拟等教学方法，注重实践分析工具的运用，进行"参与式"和"合作式"教学，旨在提升学生的团队协作能力、统筹管理能力、理解能力、资料收集与整理的能力、分析能力、实践能力和创新能力。

本书依据互联网营销、电子商务、新媒体内容策划等相关职业岗位所需的行业基础知识要求编写，以新媒体内容运营岗位所需的能力为出发点，充分考虑职场新人应具备的理论知识和实践能力，构建课程的理论教学内容，并根据不同的理论教学内容，有针对性地加入实训环节，在实践中强化理论知识，使读者为后续课程的学习打好基础。

本书特点

本书采用"理论＋实践"的教学模式，用理论指导实践，用实践巩固理论，并配以相应的课堂讨论，巩固学生的课堂学习成果并加深学生对知识点的理解。课程教学注重课堂互动，使每个学生都能参与进来，提高学生的学习兴趣和自主学习能力，丰富课堂教学的形式与内容。

本书赠送资源包括课程标准、授课大纲、讲义、PPT课件以及测试题，以便读者学习和教师授课，读者可根据个人需求扫描下方二维码下载使用。

课程标准

授课大纲

讲义

PPT课件

测试题

编　者

第1章 走进新媒体 001
1.1 新媒体概述 001
1.1.1 什么是新媒体 001
1.1.2 新媒体的特点 003
1.2 不同类型新媒体及其特点 005
1.2.1 聚合导航新媒体 005
1.2.2 社交新媒体 010
1.2.3 内容发布新媒体 016
1.2.4 视听娱乐新媒体 019
1.2.5 合作创作新媒体 023
1.3 新媒体生态 025
1.3.1 不断发展中的新媒体 025
1.3.2 新媒体是把双刃剑 026
1.3.3 新媒体形成新生态 027
1.4 本章小结 031

第2章 内容策划 032
2.1 内容策划概述 032
2.1.1 内容策划的含义及重要性 032
2.1.2 内容策划的七个核心环节 034
2.1.3 新媒体内容策划的九个步骤 035
2.2 内容策划的历史沿革 036
2.2.1 报纸/杂志内容 036
2.2.2 广播内容 038
2.2.3 电视内容 040
2.2.4 互联网内容 041
2.3 内容营销与内容运营 046
2.3.1 内容营销 046
2.3.2 内容运营 049
2.4 本章小结 050

第 3 章　新媒体内容的形式与思维 ... 051
3.1　新媒体内容的形式 ... 051
3.1.1　图文内容 ... 051
3.1.2　音频内容 ... 053
3.1.3　视频内容 ... 055
3.1.4　游戏内容 ... 056
3.1.5　企业生产内容、用户生产内容、企业和用户联合生产内容形式 ... 058
3.2　新媒体的基本思维 ... 059
3.2.1　产品思维 ... 060
3.2.2　用户思维 ... 060
3.2.3　数据思维 ... 061
3.2.4　简约思维 ... 063
3.2.5　极致思维 ... 064
3.2.6　流量思维 ... 064
3.2.7　社会化思维 ... 065
3.3　新媒体内容层面思维 ... 066
3.3.1　制造悬念思维 ... 066
3.3.2　病毒传播思维 ... 068
3.3.3　粉丝经济思维 ... 069
3.3.4　借助热点思维 ... 070
3.4　本章小结 ... 072

第 4 章　新媒体内容制作的流程和方法 ... 073
4.1　需求分析阶段 ... 073
4.1.1　市场需求调查 ... 074
4.1.2　用户需求研究 ... 078
4.1.3　需求分析整理 ... 080
4.2　确定目标用户阶段 ... 081
4.2.1　属性分析法 ... 081
4.2.2　垂直思考法 ... 083
4.2.3　人物角色定义法 ... 084
4.3　策划选题阶段 ... 086
4.3.1　内容定位 ... 086
4.3.2　选题策划 ... 089
4.3.3　账号定位 ... 091
4.4　内容设计阶段 ... 093
4.4.1　内容设计的流程 ... 093
4.4.2　撰写脚本 ... 095
4.4.3　制作原型 ... 100

4.5 制作编辑阶段 ... 102
4.5.1 素材的收集 ... 102
4.5.2 素材的拍摄 ... 106
4.5.3 素材的加工 ... 110
4.6 内容产品发布阶段 ... 113
4.7 本章小结 ... 113

第5章 新媒体内容的生产与创建 ... 114
5.1 内容创作团队的基础架构 ... 114
5.1.1 视频制作组 ... 114
5.1.2 新媒体编辑组 ... 119
5.1.3 直播组 ... 122
5.2 内容生产的品类模型 ... 125
5.2.1 知识品类内容模型 ... 125
5.2.2 应用品类内容模型 ... 126
5.2.3 分析品类内容模型 ... 127
5.2.4 综合品类内容模型 ... 127
5.2.5 评价品类内容模型 ... 129
5.2.6 灵感品类内容模型 ... 130
5.3 创建内容的方式 ... 132
5.4 本章小结 ... 133

第6章 新媒体内容的包装与推广 ... 134
6.1 新媒体内容的包装 ... 134
6.1.1 新媒体内容元素 ... 134
6.1.2 首图/封面图：重中之重 ... 137
6.1.3 个性化的内容更容易被记住 ... 139
6.1.4 适当融入流行元素 ... 140
6.1.5 真实状态下适当美化 ... 140
6.2 新媒体内容推广 ... 141
6.2.1 构建自媒体传播矩阵 ... 142
6.2.2 嵌入分享因子 ... 145
6.2.3 搜索引擎优化 ... 148
6.3 本章小结 ... 149

第7章 新媒体内容策划的发展方向 ... 150
7.1 受众人群："90后"与"00后" ... 150
7.1.1 兴趣爱好：二次元文化 ... 150
7.1.2 生活作息：熬夜 ... 152
7.1.3 心理特征：小众情节 ... 152

- 7.2 大数据技术 153
  - 7.2.1 大数据技术是什么 153
  - 7.2.2 大数据技术与新媒体内容创作 155
- 7.3 语音控制技术 159
  - 7.3.1 语音控制技术是什么 159
  - 7.3.2 智能语音在新媒体领域的应用场景 161
- 7.4 人工智能技术 162
  - 7.4.1 人工智能技术是什么 162
  - 7.4.2 人工智能技术与新媒体内容创作 163
- 7.5 虚拟现实技术和增强现实技术 165
  - 7.5.1 虚拟现实技术和增强现实技术是什么 165
  - 7.5.2 虚拟现实技术和增强现实技术带来的新的内容体验 167
- 7.6 本章小结 169

第 8 章 新媒体内容策划实战 170

- 8.1 资讯内容平台实战 170
  - 8.1.1 任务一：发布头条号内容 170
  - 8.1.2 任务二：发布百家号内容 175
  - 8.1.3 小贴士：资讯内容平台的内容策划与运营技巧 180
- 8.2 社交平台内容实战 185
  - 8.2.1 任务一：发送一篇微信公众号推文 186
  - 8.2.2 任务二：个人微博账号日常运营 189
  - 8.2.3 小贴士：社交平台内容策划与运营技巧 194
- 8.3 内容电商平台实战 201
  - 8.3.1 任务一：热门小红书"种草"内容及账号调研 202
  - 8.3.2 任务二：发布小红书"种草"笔记 203
  - 8.3.3 小贴士：小红书平台内容策划与运营技巧 205
- 8.4 短视频平台实战 207
  - 8.4.1 任务一："带货"短视频案例分析与脚本撰写 208
  - 8.4.2 任务二：美食短视频拍摄 213
  - 8.4.3 小贴士：抖音短视频内容策划与运营技巧 215
- 8.5 本章小结 218

第1章 走进新媒体

随着数字化、多媒体和网络技术的发展及移动智能终端设备的普及，新媒体作为一种新兴媒介，打破了传统媒介之间的壁垒，消融了媒介、地域之间的边界，甚至消融了传播者与接收者之间的边界，使媒介传播的形态发生了翻天覆地的变化。

新媒体以其即时性与交互性、多媒体化、个性与细分化、开放与共享化等优势，对传统媒体产生了一定的冲击和影响，新媒体内容策划正是在新媒体媒介迅速普及和广泛应用的形势下应运而生的一门新学科。要想做好新媒体内容的策划工作，首先要走进新媒体内部，了解新媒体的含义和特点，了解不同类型新媒体和它们各自的特点，了解新媒体目前的生态情况如何。

1.1 新媒体概述

数字技术和网络技术的快速发展催生了新媒体。新媒体自诞生以来，就以惊人的发展速度及规模令所有人都措手不及，尤其是对报纸、广播、电视等传统媒体形成了严峻的挑战。当前，新媒体正以不可阻挡的势头，迅速渗透到了人类社会的政治、经济、思想、文化等诸多领域，不仅改变了社会的传播形态，也影响着人们的生活方式及思维方式。

学习新媒体内容策划，首先要了解何为媒体以及媒体的最初形态是什么。

1.1.1 什么是新媒体

媒体是指传播信息的媒介，是人们借以传递信息与获取信息的工具、渠道、载体、中介物或技术手段。它既是承载信息的物体，也是储存、呈现、处理和传递信息的实体。

加拿大著名传播学家马歇尔·麦克卢汉（M.Mcluhan）在《理解媒介：论人的延伸》一书中提出"媒介即讯息"这一观点，该观点对媒体所具有的积极能动作用进行了概括。在社会生活中，媒体在演变和发展过程中传播信息、提供娱乐，不仅引导了大众的价值取向，也起到了文化传承的作用，同时还监督并矫正社会中的不良现象，使社会关系更加和谐。图 1-1 所示为麦克卢汉与《理解媒介：论人的延伸》。

图 1-1　麦克卢汉与《理解媒介：论人的延伸》

传统媒体是通过某种机械装置定期向社会公众发布信息或提供教育娱乐平台的媒体，主要包括电视、广播、报纸和杂志。相对传统的四大媒体，新媒体被称为"第五媒体"。新媒体是新的技术支撑体系下出现的媒体形态，它是一种利用数字技术和网络技术，通过互联网、宽带局域网、无线通信网、卫星等渠道，以及计算机、手机、数字电视机等终端，向用户提供信息和娱乐服务的传播形态。图 1-2 所示为人们使用各种终端进行"上网冲浪"的概念图。

图 1-2　人们使用各种终端进行"上网冲浪"的概念图

由于新媒体发展快、变化多，其内涵的界定也呈现出动态变化的特点。近年来，发展势头最为迅猛的媒体渠道当属随着移动互联网技术发展而兴起的手机应用类媒体渠道。该媒体渠道主要包括新闻信息类手机应用，如今日头条、央视新闻等，如图 1-3 所示；生活类信息手机应用，如大众点评等；一些视频类手机应用，如腾讯视频、抖音等。随着手机移动互联网的快速发展，手机应用市场的规模也在不断扩大。

图 1-3　今日头条和央视新闻的图标

新媒体的出现迎合了人们应对休闲娱乐时间碎片化的需求，满足了大众随时随地进行互动性表达的意愿。海量的信息共享以及多媒体与超文本的个性化表达，给媒体行业带来了许多新的理念和模式。

新媒体日益广泛地影响着社会生活的方方面面，逐渐发展成为了媒体领域的后起之秀。但是不可否认，社会发展到今天，没有任何一种媒体可以完全取代其他媒体，无论新媒体如何蓬勃发展，报纸、杂志和电视仍存在各自的生存和发展空间。

1.1.2 新媒体的特点

新媒体并没有官方认证或者学界统一的定义，对新媒体特点的探索，需要从不同的角度出发，搜集对新媒体特点的不同理解。

从传播的角度看，大部分新媒体具有超媒体性、交互性、超时空性的特点，还具有个性化信息服务、虚拟信息传播、信息源多样、信息推荐多样以及信息审核多样等特点。但并不是所有的新媒体都具有这些特点，如目前的户外广告屏幕或电梯里的屏幕通常不能由受众进行选择，多数也无法实现交互。图1-4所示为某手机应用软件在地铁站中的广告。

图1-4 某手机应用软件在地铁站中的广告

下面重点从技术、内容和营销三个层面来观察和理解新媒体并探索其特点。

1. 新媒体的技术特点

新媒体的技术特点主要有数字化、网络化和标准化。

首先，数字化是新媒体的基本技术特点，它使新媒体上的信息生成、编辑、存储及复制等都更加方便；其次，网络化将各类新媒体系统或终端连接在一起，相互之间可以进行便捷的通信；最后，标准化使各类新媒体系统尽可能方便地进行数据交换，且交换的速度越来越快。图1-5所示为某新媒体的排版工具。

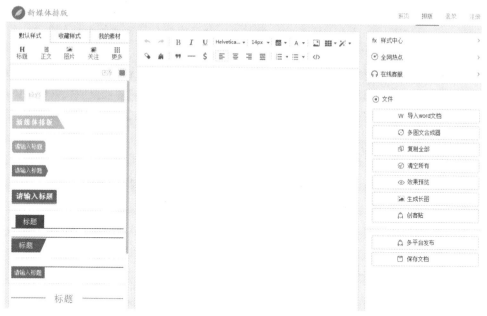

图 1-5　某新媒体的排版工具

2. 新媒体的内容特点

新媒体的内容特点主要有海量化、交互化和平民化。

首先，新媒体上的内容数量飞速增长，可谓海量；同时，许多信息被聚合，网民可以共享。其次，多数新媒体表现为双向传播，即交互化；同时，多数新媒体又是可定制的，即个性化。最后，新媒体内容通常显得更贴近大众，即平民化，不少新媒体内容允许多人合作创作，例如在哔哩哔哩网站，观众不仅可以留言，还可以对作者发布的内容进行点赞、投币、收藏和分享，达到与作者互动的目的。图 1-6 所示为哔哩哔哩网站点赞、投币、收藏和分享的按钮。

图 1-6　哔哩哔哩网站点赞、投币、收藏和分享的按钮

3. 新媒体的营销特点

新媒体的营销特点主要有成本低、精准化和社交化。

首先，新媒体营销成本通常很低，人气却很旺；其次，很多新媒体营销者提倡精准营销，把信息推送给最适合的用户，且用户之间的相互推荐起着重要的作用；最后，多数新媒体具有泛社交化的趋势，好友或粉丝间的关系对营销效果显得很重要。例如某知名电商主播在微博平台已经拥有超过 1700 万的粉丝，这意味着其直播间广受关注，销售效果也会更好。图 1-7 所示为某知名电商主播的微博界面。

图 1-7 某知名电商主播的微博界面

1.2 不同类型新媒体及其特点

在新媒体时代,在学习新媒体内容策划的过程中,要首先了解各类新媒体的特点,才能够更全面地把握好新媒体,更好地策划新媒体的内容。本章将重点介绍不同类型新媒体及其特点。新媒体大致分为五种类型。

1.2.1 聚合导航新媒体

聚合导航新媒体包括门户网站、搜索引擎、分类信息网站、RSS 订阅和导航网站等。

1. 门户网站

从广义上来说,门户网站是一个 Web 应用框架,它将各种应用系统、数据资源和互联网资源集成到一个信息管理平台上,以统一的用户界面提供给用户,并建立起企业对客户、企业对内部员工和企业对企业的信息通道,使企业能够释放存储在企业内部和外部的各种信息。从狭义上理解,门户网站是指提供某类综合性互联网信息资源并提供有关信息服务的应用系统,其最初提供的是搜索引擎、目录服务。

门户网站曾经是非常普遍的新媒体,它们除了通过设定若干个频道提供各类新闻之外,还提供搜索、邮件、图片、视频及博客等服务。广告、游戏通常是门户网站营收来源的主渠道。随着时间的推移,一些门户网站开始放弃搜索等业务,转向提供个性化的定制服务,推送网民可能喜欢的内容,并与移动互联网的应用衔接。

随着互联网应用在我国的普及,垂直门户网站逐步兴起,它们通常会定位在某个领域(如财经、科技、时尚、娱乐、艺术、房产或汽车等)。当然,由于上述原先从事门户业务的网站经验更丰富,它们也可能将原来的某个频道独立出来,变成垂直领域的子门户。

以汽车类门户网站"汽车之家"为例,"汽车之家"成立于 2005 年 6 月,是全球访问量最大的汽车网站。

"汽车之家"为汽车消费者提供选车、买车、用车、换车等所有环节的全面、准确、快捷的一站式服务。汽车之家致力于通过产品服务、数据技术、生态规则和资源为用户和客户赋能，建设"车媒体、车电商、车金融、车生活"4个圈，从"基于内容的垂直领域公司"转型升级为"基于数据技术的'汽车'公司"。图1-8所示为"汽车之家"的首页。

图1-8 "汽车之家"的首页

2. 搜索引擎

搜索引擎是常见的、帮助用户查找网站的应用，用户通过输入关键词即可搜索到包含该关键词的网站或网页。而就"搜索引擎"一词本身而言，是指根据用户需求与一定算法，运用特定策略从互联网检索出定制信息反馈给用户的一门检索技术。搜索引擎依托于多种技术（如网络爬虫技术、检索排序技术、网页处理技术、大数据处理技术、自然语言处理技术等），为信息检索用户提供快速、高相关性的信息服务。搜索引擎技术的核心模块一般包括爬虫、索引、检索和排序等，同时可添加其他一系列辅助模块，来为用户创造更好的网络使用环境。图1-9所示为百度搜索界面。

图1-9 百度搜索界面

从目前来看，竞价排名仍是搜索引擎主要的营收手段。相关的企业或机构可以针对某个相同的关键词竞价，出价高的企业或机构的网站将出现在用户的搜索结果页靠前的位置。通常，这些结果会有"推广"字样，出现的数量被搜索引擎所控制。例如在搜索引擎"百度"中检索关键词"饮料"，搜索结果第一位为某知名品牌凉茶，该条信息下方标注了"广告"字样，提醒用户该条信息包含推广因素，如图1-10所示。值得注意的是，企业的这类需求导致了"搜索引擎营销"的出现。

图 1-10 关键字"饮料"的百度搜索界面

当然，普通企业或组织即使不参与竞价排名，在用户搜索相关的关键词时，这些企业或组织仍会出现在搜索结果的页面上，这种搜索被称为"自然搜索"。使用自然搜索的企业或组织可以不向搜索引擎支付任何费用，但是为了能在自然搜索的结果显示中同样获得较靠前的排名，企业或组织则需要采取一定的优化技巧。这样也就催生了"搜索引擎优化"。

目前，由于移动互联网的迅速普及，移动搜索需求有了新的变化，呈现出多种发展趋势，大致分为以下 8 个方面。

1）社会化搜索

社交网络平台和应用占据了互联网的主流，社交网络平台强调用户之间的联系和交互，这使传统的搜索技术面临着新的挑战。

传统搜索技术强调搜索结果和用户需求的相关性。社会化搜索除了相关性外，还额外增加了一个维度，即搜索结果的可信赖性。对某个搜索结果来说，显示的结果条目可能成千上万，但如果某个条目处于用户社交网络内其他用户发布的信息、点评或验证过的信息之中，则更容易被信赖，这是与用户的心理状态密切相关的。社会化搜索为用户提供了更准确、更值得信赖的搜索结果。

2）实时搜索

实时搜索最突出的特点是时效性强，越来越多的突发事件会选择在微博上进行首发。另外，实时搜索强调的核心就是"快"，要求用户发布的信息能在第一时间被搜索引擎搜索到。

3）移动搜索

目前，随着智能手机的快速普及，移动搜索一定会更加快速地发展，移动搜索的市场占有率会逐步上升。

4）个性化搜索

个性化搜索的核心是根据用户的网络行为，建立一套准确的个人兴趣模型。而要建立这样一套模型，就要全面收集与用户相关的信息，包括用户的搜索历史、点击记录、浏览过的网页、用户的 E-mail 信息、收藏夹信息，还有用户发布过的信息、博客、微博等内容。比较常见的方法是从这些信息中提取出关键词并计算其权重，为不同用户提供个性化的搜索结果，这是搜索引擎总的发展趋势。但是，现有的技术存在很多问题，比如个人隐私的泄露问题；还有用户的兴趣会不断变化，太依赖历史信息，可能无法反映用户的兴趣变化。

5）地理位置感知搜索

目前，多数手机已经下载了全球定位系统（GPS）的应用了，这是基于地理位置感知的搜索，而且可以通过陀螺仪等设备感知用户的朝向。基于这种信息，应用软件可以为用户提供准确的地理位置服务以及相关的搜索服务。目前，此类应用（如手机地图App）已经比较普遍，高德地图、百度地图和腾讯地图的徽标如图1-11所示。

图1-11 高德地图、百度地图和腾讯地图的徽标

6）跨语言搜索

如何将中文的用户查询翻译为英文查询？目前主流的方法有3种：机器翻译、双语词典查询和双语语料挖掘。对于一个全球性的搜索引擎来说，具备跨语言搜索的功能是必然的发展趋势，一般会采用查询翻译加上网页的机器翻译这两种技术手段。

7）多媒体搜索

目前，搜索引擎的查询还是基于文字的，即使是图片和视频搜索也是基于文本方式进行的。但是，未来的多媒体搜索技术则会弥补目前查询功能在这方面的缺失。多媒体形式除了文字以外，还包括图片、音频、视频等。多媒体搜索比纯文本搜索要复杂得多，一般多媒体搜索包含4个主要步骤：多媒体特征提取、多媒体数据流分割、多媒体数据分类和多媒体数据搜索引擎。图1-12所示为百度搜索中的图片搜索功能。

图1-12 百度搜索中的图片搜索功能

8）情境搜索

情境搜索是融合了多项技术的搜索功能，上面介绍的社会化搜索、个性化搜索、地理位置感知搜索等都是支持情境搜索的。所谓情境搜索，就是能够感知人与人所处的环境，针对"此时此地此人"来建立模型，试图理解用户查询的目的，根本目标还是要理解人的信息需求。

3. 分类信息网站

分类信息网站通常包括生活信息网站、商务信息网站以及其他类别信息网站。为了突出当地信息，分类信息网站往往针对不同的城市设立许多城市分站；不少分类信息网站还结合了基于位置的服务（Location-Based Service，LBS），帮助用户查找附近的服务网点；有的分类信息网站还结合了用户的点评，对不同的商家进行美誉度评级。

国内知名的分类信息网站有58同城、赶集网、百姓网等，其中58同城和赶集网已经于2015年4月17日宣布合并。图1-13所示为58同城首页，可以看到其中包含了照片/房产/二手车/二手市场/宠物等多种信息分类。

图 1-13　58同城首页

4. 简易信息整合订阅

简易信息整合（RSS）订阅是站点用来和其他站点之间共享内容的一种简易方式，本意是想让网民在网站访问时摆脱过于繁杂的信息，及时获得所订阅的新闻频道的最新内容。

使用这类服务时，网民通常需要下载RSS阅读器。为了支持RSS阅读器，网站通常会开辟相应的RSS频道订阅服务。在使用RSS阅读器时，可以创建相应的频道，而其地址则可以通过在网站的RSS频道中复制获得。

由于使用RSS服务相对复杂，除了"技术控"们比较爱用之外，多数网民用得并不普遍。此外，RSS服务可以让用户不必访问原网站就能获得简洁的信息，导致了原网站广告收入的下降，这也大大挫伤了原网站使用RSS的积极性。

5. 导航网站

导航网站集合了许多主要网站的网址，然后按照某种标准对网址进行相应的分类，以方便网民访问各种类别的网站。较为知名的导航网站有hao123、雅虎（Yahoo）、360网址之家等。

以hao123为例，其作为导航网站，是百度旗下的核心产品，产品口号为"世界很复杂，百度更懂你"。hao123 是一个及时收录包括音乐、视频、小说、娱乐交流、游戏等热门分类的网站，与搜索引擎完美结合，为中国互联网用户提供了最简便的网上导航服务。图 1-14 所示为导航网站 hao123 的主界面。

图 1-14　导航网站 hao123 的主界面

目前，导航网站在想方设法争夺用户浏览器的首页位置，并在许多功能上进行了开发。例如，在导航上除了具备各种类别的网站链接之外，还有搜索引擎整合、新闻头条聚合、视频导航、电商导航、机票导航、火车票导航及汽车频道等。

与搜索引擎一样，导航网站也会采取类似竞价排名的方式让相关网站争夺关键位置，或者允许部分合作网站用突出的颜色进行页面显示。另外，视频导航及电商导航等的应用，使导航网站为一些商业网站导入了流量，导航网站可凭这些流量从合作网站获得一定的利润分成，这也为导航网站带来了一部分收入。

课堂讨论：不同类型的聚合导航型新媒体有哪些特点？彼此之间有哪些相同之处和不同之处？

1.2.2　社交新媒体

社交新媒体形式包括即时通信、社交网络服务、微博类应用、平台化的通信类应用、图片分享类应用、职场社交类应用和基于位置的服务的应用等。

1. 即时通信

即时通信（IM）是指能够即时发送和接收互联网消息的业务。自 1998 年面世以来，特别是近几年的迅速发展，即时通信的功能日益丰富，逐渐集成了电子邮件、博客、音乐、电视、游戏和搜索等多种功能。即时通信不再是一个单纯的聊天工具，它已经发展成集交流、资讯、娱乐、搜索、电子商务、办公协作和企业客户服务等为一体的综合化信息平台。微软、腾讯、美国在线（AOL）、雅虎等重要即时通信提供商都提供通过手机接入互联网进行即时通信的业务，用户可以通过手机与其他已经安装了相应客户端软件的手机或计算机收发消息。

即时通信已经是非常普及的网络交流应用,它与社交网站的功能有越来越多的交叉,游戏及广告也是其主要收入来源。

在我国,腾讯 QQ 与 MSN(Microsoft Service Network)曾经是即时通信应用的代表。后来,由于微软收购了 Skype 而放弃了 MSN,进而导致腾讯 QQ 在中国大陆的即时通信应用中独占鳌头。不过,腾讯在其 QQ、微信及微博等应用同步发展的过程中,在很多功能上打通了不同产品间的壁垒并相互借鉴。图 1-15 所示为腾讯 QQ 和 MSN 的图标。

图 1-15　腾讯 QQ 和 MSN 的图标

在即时通信应用迅猛发展的同时,电商买家与卖家之间的即时通信应用及企业内部沟通的应用也迅速成长起来。在电商即时通信应用中,"阿里旺旺"可以方便买卖双方之间进行沟通;在企业内部沟通的即时通信应用中,出现了"钉钉""企业微信"等应用,它们常常将任务协作、知识共享及移动办公等功能整合在一个平台上。需要注意的是,上述有些应用有时会和微信等的功能接近或交叉。图 1-16 所示为"钉钉"和"企业微信"的图标。

图 1-16　"钉钉"和"企业微信"的图标

2. 社交网络服务

社交网络服务(SNS),包括社交软件和社交网站,是指社会化网络服务,也指狭义的社交网或社会化媒体。其常将多种功能(如日志、相册、小游戏、投票及听歌等)综合在一起。这符合哈佛大学心理学教授斯坦利·米尔格拉姆(S.Milgram)

提出的"六度空间"理论——你和任何一个陌生人之间所间隔的人不会超过六个，该理论恰到好处地解释了这种好友之间的关系。

Facebook 是全球最大的 SNS 网站之一，其以用户之多称霸全球社交网络市场。2020 年 7 月，福布斯"2020 全球品牌价值 100 强"发布，Facebook 排名第 5 位。国内与 Facebook 类似的网站有人人网和开心网，它们曾经红极一时，但目前已经衰落。图 1-17 所示为 Facebook 的图标。

图 1-17　Facebook 的图标

3. 微博类应用

微博是指一种基于用户关系信息分享、传播以及获取的通过关注机制分享简短实时信息的广播式的社交媒体和网络平台。微博基于公开的平台架构，以简单、前所未有的方式使用户能够公开、实时地发表信息内容，并通过裂变式传播，让用户与他人互动，并与世界紧密相连。作为继门户网站、搜索引擎之后的互联网新入口，微博改变了信息传播的方式，实现了信息的即时分享。

微博的公开传播属性明显，其特点可以概况为"短、平、快、碎、即、开"六个字。"短"，即简短式内容；"平"，即平等式交友及交流；"快"，即裂变式传播，非常快速；"碎"，即碎片式呈现及时间利用；"即"，指的是即时式发布与搜索；"开"，即开放式的讨论与开放平台。

国外的微博类应用翘楚当属 Twitter，国内排名第一的则是新浪旗下的"微博"。

Twitter 是一家美国社交网络及"微"博客服务公司，致力于服务公众对话。它可以让用户更新不超过 140 个字符的信息（除中文、日文和韩语外，已提高上限至 280 个字符）。这些信息也被称作"推文（Tweet）"，Twitter 被形容为"互联网的短信服务"。这个服务是由杰克·多西（J.Dorsey）在 2006 年 3 月与合伙人共同创办并在当年 7 月启动的。Twitter 在全世界都非常流行，Twitter 发布的财报显示，截至 2020 年第三季度，Twitter 的可货币化日活跃用户达 1.87 亿人。

自 2009 年 8 月上线以来，"新浪微博"就一直保持着爆发式的增长。根据"新浪微博"此前发布的截至 9 月 30 日的 2020 财年第三季度未经审计的财报显示，其第三季度活跃用户为 5.11 亿人，总净营收为 4.657 亿美元，同比下降 4%，环比增长 16%；其中广告与营销收入为 4.17 亿美元，同比增长 1%，环比增长 18%。图 1-18 所示为 Twitter 和"新浪微博"的图标。

图 1-18　Twitter 和 "新浪微博" 的图标

4.平台化的通信类应用

平台化的通信类应用指基于平台打造的即时通信类软件应用,其中的典型是腾讯旗下的"微信"。其"微信"应用是腾讯公司于 2011 年 1 月 21 日推出的一款通过网络快速发送语音短信、视频、图片和文字,支持多人群聊的手机聊天软件,集即时通信、朋友圈及公众账号于一身,方便实用。用户可以通过微信与好友进行形式上更加丰富的类似于短信、彩信等方式的联系。目前,微信应用内已嵌入了支付、电商、视频平台等多种多样的功能,使其以社交为基础,具有更加多元的体验,为生活带来了更多的便利。图 1-19 所示为微信的多样化功能概念图。

图 1-19　微信的多样化功能概念图

除此之外,平台化的通信类应用还有许多。

(1) LINE:日本移动通信应用,由 NHN Japan 推出,据称月收入超过了 400 万美元,全球用户量已经突破 1 亿人,以日本为主要用户地。

(2) Kakao Talk:用户达到 7000 万人,月收入在 3500 万美元以上,以韩国为主要用户地。

(3) COMM:日本移动社交游戏平台 DeNA 推出的通信应用,与 LINE 在日本展开竞争。

(4) Facebook Messenger:基于 Facebook 推出的聊天应用。

(5) Viber:用户主要来自中美洲、非洲等地区。

(6) Fring:以色列 VOIP 网络电话公司推出的聊天应用。

5.图片分享类应用

图片分享类应用通常属于用于分享大量图片及照片信息的社区。其中,一些图片分享应用转向了社会化商务,如国外的 Pinterest 及国内的"蘑菇街"与"美丽说"等。

Pinterest 采用的是以瀑布流的形式展现图片内容，无须用户翻页，新的图片不断自动加载在页面底端，让用户不断发现新的图片。Pinterest 堪称图片版的 Twitter，网民可以将感兴趣的图片在 Pinterest 上保存，其他网友可以关注，也可以转发图片。索尼等许多公司也在 Pinterest 上建立了主页，用图片来营销旗下的产品和服务。

Pinterest 之类的应用最开始是采用纯图片分享的方式服务网民的，后来由于一些网民对某些图片中展示的时装、鞋包等商品产生了购买意愿，应用商就逐步对可以购买的商品加上了购买链接按钮，可以借此进入电商网站，被称为了"社会化商务"。目前，此类应用的市场估值也明显高于其他"文本"类社交网络。

国内的"蘑菇街"及"美丽说"等也有类似的发展轨迹，后来，这二者甚至直接变身为女性时尚购物网站。图 1-20 所示为"蘑菇街"用户展示的图片以及图片产品信息和购物链接。

图 1-20　"蘑菇街"用户展示的图片以及图片产品信息和购物链接

目前，Instagram 在图片分享方面的业绩更突出。Instagram（照片墙）是一款运行在移动端上的社交应用，它以一种快速、美妙和有趣的方式将随时抓拍到的图片彼此分享。2012 年 4 月 10 日，Facebook 宣布以 10 亿美元的价格收购 Instagram，这为 Facebook 带来了巨大的图片流量。在 Instagram 上，网民也可以通过图片跳转至购买链接，并完成下单操作，如图 1-21 所示。

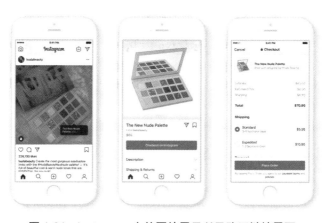

图 1-21　Instagram 上的图片展示以及购买链接界面

6. 职场社交类应用

职场社交类应用主要用于分享职业简历，后来慢慢成为了各领域职业人士之间的交流社区。当然它也可以方便相关机构寻找专业人才，也方便专业人才寻找合适的机构。

国外最有影响力的职场社交应用软件是 LinkedIn（领英）。LinkedIn 全球用户已超过 3 亿人。"LinkedIn（中国）"明确了以本土化策略实现全球化，推行为中国用户打造"精英的全球人脉圈"的战略。

实际上，LinkedIn 目前已经成为了全球 B2B 领域排名第一的社会化媒体。以上述"精英的全球人脉圈"为例，其包括 B2B 的许多功能，如潜在客户推荐、导入账户和潜在客户、数据每日同步、已保存销售线索、与人脉圈外的潜在客户展开交流、实时动态、完整档案访问权限、查看人脉圈外档案、公司人脉圈、客户开发工具、谁看过您的档案、高级档案等。

图 1-22 所示为领英的图标。

图 1-22　领英的图标

7. 基于位置的服务应用

基于位置的服务（LBS）应用较好地利用了 GPS 等功能，让位置信息的作用得到了充分的发挥。

最初，Foursqare 等专业的 LBS 应用主要发挥签到功能，后来逐步开发出了查询附近设施、查找附近门店及查找附近好友等功能，这大大拓展了其应用范围，并充分地与移动互联网结合起来。

如果说查找附近的好友可能让未曾谋面的网友有一次邂逅的机会，那么查找附近的门店则为商业机构带来了重要的机遇。例如在大众点评应用中，可以利用 LBS 功能判断用户位置，结合用户地理位置为用户推荐附近的商家，既能帮助用户便捷地获取信息，又能帮助店家推广门店，招揽到更多的客户，如图 1-23 所示。

图 1-23　大众点评定位功能界面以及基于 LBS 功能的推荐界面

1.2.3　内容发布新媒体

内容发布新媒体的类型包括博客、网络文学、电子杂志 / 数字出版和新闻客户端。

1. 博客

博客已发展了十年左右的时间，除了企业博客应用外，个人博客应用也逐渐发展起来，有的还发展成为了个人网站（或个人媒体）。博客是发布观点、展示产品或作品，以及建立品牌的很好途径。

虽然一些新的应用对博客起到了分流的作用，但是与内容碎片化的微博、微信等应用相比，博客仍然在内容上具有全面、详细的特点。此外，由于博客通常有公开的域名，对扩大企业或个人的影响力也有其自身的优势。

目前的博客可以集文字、图片、动画、音频与视频于一体，表现力较为丰富。博客可以较系统地、成系列地展示博主的理念、价值观，以及产品或作品。

2. 网络文学

网络文学，就是以网络为载体而发表的文学作品，其本身并没有一个明确的界限。近年来，随着新媒体的不断普及，网络文学的消费量也随之增长，参与网络文学创作的人越来越多，产生了众多的作品与读者，有的作者收入不菲。在网络文学网站中，既有免费的网络文学作品，也有收费的作品，后者是网络文学网站及相应作者的主要收入来源，通常按每千字几分钱的标准来收费。当然，根据作者及作品的热门程度，价格会有所不同。

目前，热门的网络小说有多种延伸价值，常被用作开发游戏和拍摄影视剧的素材，这样做能使游戏或影视剧在推向市场后成功的概率较高。国内比较热门的网络小说网站有"起点中文网"和"晋江文学"等。图 1-24 所示为"起点中文网"和"晋江文学"的图标。

图 1-24　"起点中文网"和"晋江文学"的图标

经过多年的发展，中国的网络文学市场渐趋成熟。据中国音像与数字出版协会统计的数据显示，截至××××，中国网络文学作品累计超过 2590 万部。海量的作品、丰富的类型、脑洞大开的故事、线上持续"追更"的阅读体验，使网络文学拥有越来越多的读者。中国互联网络信息中心发布的第 47 次《中国互联网络发展状况统计报告》显示，截至 2020 年 12 月，中国网络文学用户已达 4.6 亿人。

近年来，不少网络文学作品被改编成影视剧。中国电影家协会编剧教育工作委员会、北京电影学院中国电影编剧研究院近日发布的《2019—2020 年度网络文学 IP 影视剧改编潜力评估报告》显示，在 2018～2019 年的 309 个热播影视剧中，改编自网络文学作品的有 65 个，占比约 21%。在热度最高的 100 个影视剧中，网络文学改编作品占比高达 42%。

3. 电子杂志/数字出版

电子杂志/数字出版对传统杂志、图书的发行有较大的影响。通过利用多媒体，使杂志及数字出版的表现形式丰富了许多，同时新型的音视频广告可以放在电子杂志或数字出版物中，为盈利提供了空间。

最初，一些电子杂志大多以可执行文件的形式出现，用户下载后使用计算机来阅读。后来，多数电子杂志则以电子数据库网站的形式提供服务。许多大学、图书馆及科研机构会采购此类电子数据库。更广义的电子杂志也可以有多种表现形式，如博客、微信公众账号及微博粉丝服务平台等。图 1-25 所示为英文电子杂志。

图 1-25　英文电子杂志

电子图书则为数字出版带来了新的机遇，至少它与电子杂志一样，减少了纸张印刷及包装递送的成本，甚至还更环保。阅读电子图书，除了可以用计算机、笔记本电脑、手机、平板电脑或 MP4 之外，还可以利用专门的电子书阅读器进行阅读。例如由亚马逊公司出品的 Kindle 就是一种电子书阅读器。图 1-26 所示为亚马逊公司出品的 Kindle。

图 1-26 亚马逊公司出品的 Kindle

4. 新闻客户端

由于微博、微信等应用的碎片化特点较为突出，那些想系统、快速、便捷阅读新闻的用户，可以选用新闻客户端进行阅读。新闻客户端为智能手机及平板电脑等移动终端接收并浏览新闻带来了便利。

一些新闻客户端由传统门户网站推出，因为它们有更多的新闻资源；另一些新闻客户端可能由一些新的公司通过抓取技术来提供服务。此外，还有一些新闻客户端在发展过程中，积极吸引传统媒体及自媒体的参与，让它们在新闻客户端上开设账号、发布新闻。

值得关注的是，一些传统媒体开始尝试"新闻客户端+网站+微博+微信"的模式发布或推送新闻。如东方报业有限公司的"澎湃新闻"以及上海报业集团的"界面"。这对于媒介融合及传统媒体转型是一种有益的实践。图 1-27 所示为"澎湃新闻"首页。

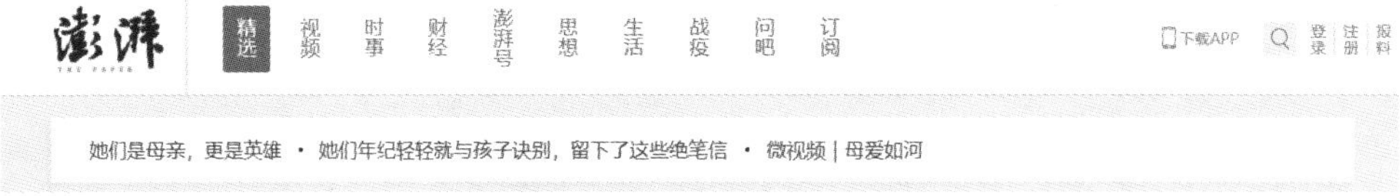

图 1-27 "澎湃新闻"首页

课堂讨论：还有哪些内容发布的媒体？挑选你喜欢且了解的平台与大家分享。

1.2.4 视听娱乐新媒体

视听娱乐新媒体包括网络视频、网络电视、网络广播、网络游戏、网络音乐/音频和网络直播。

1. 网络视频

网络视频是在网络上以 WMV、RM、RMVB、FLV 以及 MOV 等视频文件格式传播的动态影像，包括各类影视节目、新闻、广告、Flash 动画、自拍 DV、聊天视频、游戏视频、监控视频等。安全监视网络视频所具备的高级功能特性使它非常适用于安全监视类的应用场景。数字化技术的灵活性有效提高了安保人员监视和保护房屋及财产的效果和能力。网络视频应用很普及，它极大地丰富了网上视频的资源。它既是网民主要的网络娱乐方式之一，也是资本争夺的重要领域之一。

目前，YouTube 排在全球网络视频应用的第一位。在国内，"优酷"视频与"土豆"视频已经合并为一家公司，分两个品牌运营。"爱奇艺"与"PPS"也都归属于百度旗下。"腾讯"视频及"搜狐"视频则借助自己原有的实力和一些独家买断版权的优质播放内容，获得了不小的市场份额。"哔哩哔哩"作为后起之秀，也颇受观众的欢迎。图 1-28 所示为个人计算机下载前三名的视频软件，分别是爱奇艺视频、腾讯视频和优酷视频。

从网络视频运营角度看，应用平台想尽一切办法利用视频做广告，既有贴片广告（主要在视频播放前、播放后及播放中的暂停），也有插入视频画面各个角落的广告及四周页面的广告，还有视频剧情内的植入广告。

由于网络视频涉及许多内容的传播，加上一部分视频网站进行自制剧（或微电视、网络剧等）的制作，必然会面临政策方面的监管问题。目前，国家相关部门要求，对于网络视频上的内容以网站自查为主，相关部门进行抽查。

另外，随着带宽的不断增加，短视频的发展如火如荼。抖音、快手、美拍及秒拍等短视频应用软件发展速度惊人，也产生了许多精彩的短视频内容。图 1-29 所示为各类短视频平台。

图 1-28　个人计算机平台下载前三名的视频软件

图 1-29　各类短视频平台

2. 网络电视

网络电视是网络视频的一个变种，它主要用于在网络上播放影视剧。电视剧或电视节目的播放，既有直播，也有延播及点播，还可以边收看边互动。

CBox 央视影音是我国的一个很大的免费在线网络电视直播客户端,其提供 CCTV5、CCTV13 等中央电视台所有的电视直播频道,还提供北京卫视、浙江卫视、安徽卫视等 110 余个卫视和地方电视直播频道。CBox 央视影音节目源依托中国网络电视台的海量视频库,拥有国内外重大新闻事件、央视新闻台视频独家播放权,同时拥有全球各类体育赛事、世界杯、NBA 等视频的独家播放权。CBox 央视影音支持直播过程任意时移,实现直播、点播无缝衔接,支持央视、卫视等 60 余个直播频道的时移直播。

PPTV 网络电视又名 PPLive,是由上海聚力传媒技术有限公司开发并运营的在线视频软件。它是在全球华人中领先的、规模最大的、拥有巨大影响力的视频媒体,全面聚合和精编了影视、体育、娱乐、资讯等各种热点视频的内容。它以视频直播和专业制作为特色。

芒果 TV 是以视听互动为核心,融网络特色与电视特色于一体,实现"多屏合一"的独播、跨屏、自制的新媒体视听综合传播服务平台,同时也是湖南广电旗下唯一的互联网视频平台。芒果 TV 独家提供湖南卫视所有栏目的高清视频直播、点播,并为用户提供各类热门电影、电视剧、综艺、动漫、音乐、娱乐等内容的在线收看服务。

图 1-30 所示为 PPTV 网络电视和芒果 TV 的图标。

图 1-30　PPTV 网络电视和芒果 TV 的图标

3.网络广播

网络广播不同于传统的调频广播,网络广播是通过数字的方式提供节目的直播与点播。音频节目数字化后,频道资源不再是问题,节目的利用率得到了很大提高。

"央广网"由中央广播电视总台主办,全称中国广播网,是中央重点新闻网站。近年来,央广网发力于新闻门户的作用,目前拥有新闻、财经、评论、军事、娱乐、体育、旅游、游戏、图库、视频等门类众多的专业频道 50 多个,以及吉林、黑龙江、浙江、河南、广西、甘肃等 20 家地方分ே。央广网依托中央广播电视总台的中国之声、经济之声等 16 套广播频率、中国广播联盟的 180 余家成员台、驻全国 39 个地方站及军队(武警)的 1000 多名记者,以独家、快速的原创报道闻名,并以音频收听为特色。为了满足用户更多的需求,秉持"三屏融合"理念的央广网不断拓展在 PC 端、手机端、视频端的业务布局,目前有央广网、中国广播集成平台、央广之声(有声阅读)、银河互联网电视四大新媒体业务板块,发展成为了优势突出、特色鲜明的多媒体集群网站。

"国际在线"是全球语言种类最多、传播地域最广、影响人群最大的多语种、多应用、多终端的网站集群。"国际在线"旨在向全世界介绍中国的政治、经济、文化和体育等,用61种语言发布各类信息。它以丰富的音频节目为特色,现已发展成为了多媒体集群网站,包括环球网络电台、网络电视和播客平台等新媒体。在"国际在线",访问者除浏览网站图文外,还可以登录北京、华盛顿、伦敦、东京、柏林、开罗、莫斯科、悉尼等12个城市的环球网络电台,欣赏"国际在线"专门为网友制作的精彩节目,或制作自己的个性播客内容,或登录网络电视收看视频节目。

图1-31所示为央广网的图标以及旗下的各类频道。

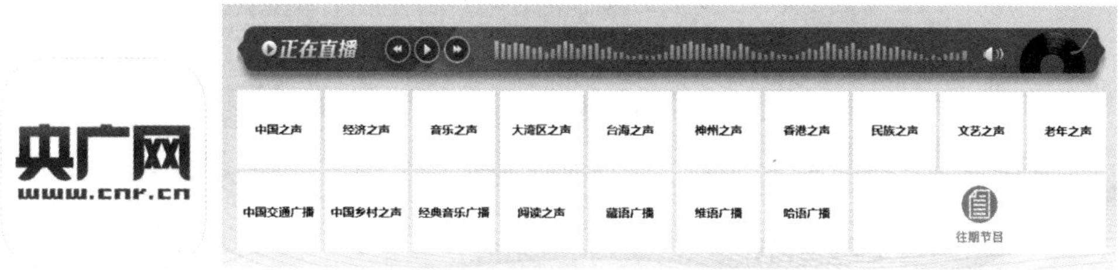

图1-31 央广网的图标以及旗下的各类频道

4. 网络游戏

网络游戏简称"网游",网络游戏是相对单机游戏而言的,网络游戏的玩家必须通过互联网的连接来进行多人游戏。网络游戏是广泛的网民娱乐形式之一,用户量非常大,并已经形成了巨大的网络游戏产业。在移动互联网不断普及的背景下,利用手机、平板电脑玩游戏也就越来越流行。

由于网络游戏属于文化出版类产品,必然会受到国家相关部门的监管。在网络游戏的开发和利用方面,既要注意在内容上要符合相关规定,还要注意知识产权的保护。

5. 网络音乐/音频

网络音乐/音频是应用广泛的网络娱乐产品,它既丰富了网民的日常生活,还推动了音乐产业在新媒体时代的发展。当然,其发展前提是音乐版权的保护及商业模式的积极探索。

国外著名的网络音乐/音频应用包括iTunes,其是供苹果电脑(Mac)和个人计算机(PC)使用的一款免费数字媒体播放应用程序,能管理和播放数字音乐和视频。iTunes程序管理的是苹果电脑iPod数字媒体播放器上的内容。此外,iTunes还能连线到iTunes Store(假如网络连接存在),以便下载购买的数字音乐、音乐视频、电视节目、iPod游戏、各种Podcast以及标准长片。

国内网络音乐/音频的知名应用有"QQ音乐"和"网易云音乐"。

QQ音乐是腾讯公司推出的网络音乐平台,是中国互联网领域的正版数字音乐服务的领先平台,是一款免费的音乐播放器,它始终走在音乐潮流的最前端,向广大用户提供方便流畅的在线音乐和丰富多彩的音乐社区服务。QQ音乐为用户提供了诸多的服务,包括海量乐库在线试听、卡拉OK歌词模式、最流行新歌在线首发、手机铃声下载、超好用的音乐管理，其绿钻用户还可享受高品质的音乐试听、正版音乐下载、免费空间背景音乐设置、MV 观看等特权。

"网易云音乐"是一款由网易开发的音乐播放产品，是网易杭州研究院的研究成果。它依托专业音乐人、DJ、好友推荐及社交功能，提供在线音乐服务功能，包括主打歌单、社交、大牌推荐和音乐指纹等。它以歌单、DJ 节目、社交、地理位置为核心要素，主打发现和分享的服务功能。

图 1-32 所示为"QQ 音乐"和"网易云音乐"的图标。

图 1-32 "QQ 音乐"和"网易云音乐"的图标

6. 网络直播

"网络直播"大致分为两类。一类是在网上提供观看电视信号的功能，例如各类体育比赛和文艺活动的直播，这类直播原理是将电视（模拟）信号采集之后，转换为数字信号输入计算机，实时上传到网站供人观看，相当于"网络电视"。另一类是在现场架设独立的信号采集设备（音频＋视频）导入导播端（导播设备或平台），再通过网络上传至服务器，发布到网址供人观看。本书所讨论的网络直播主要指后者。

网络直播延续了互联网的优势，利用视讯方式进行网上现场直播，可以将产品展示、相关会议、背景介绍、方案测评、网上调查、对话访谈、在线培训等内容现场发布到互联网上，利用互联网的直观、快速、表现形式好、内容丰富、交互性强、地域不受限制、受众可划分等特点，来加强活动现场的推广效果。现场直播完成后，还可以随时为用户继续提供重播、点播服务，有效延长了直播的时间和空间，发挥直播内容的最大价值。

人们所了解的"网络直播"的最大优点就在于直播的自主性，其独立可控的音视频采集功能，完全不同于转播电视信号的单一收看功能。它可以对政务公开会议、群众听证会、法庭庭审直播、公务员考试培训、产品发布会、企业年会、行业年会、展会直播等电视媒体难以直播的内容进行直播。

目前，国内知名的直播软件有"斗鱼 TV"和"虎牙 TV"。另外，许多短视频平台、社交平台等都包含了直播功能，可以说网络直播已经深入我们生活的方方面面。

图 1-33 所示为"斗鱼 TV"的图标。

图 1-33 "斗鱼 TV"的图标

1.2.5 合作创作新媒体

合作创作新媒体的类型包括维客类网站、悬赏式任务招标平台和问答式平台。

1. 维客类网站

维客类网站属于公益的多人写作平台,它为人类的知识积累与拓展提供了极佳的场所与机会。为了公平地评判所有参与者对相关词条的贡献,它会记录每一次修改的版本,并记入历史版本,便于后人查询。

为了慎重对待各类内容的修改,一些维客类网站还使用了人工审核修改功能,通常要求修改者提供修改的理由及相应的权威参考网址,这样可以做到相对公平。

鉴于综合性维客类网站暂时未必会覆盖所有领域,一些网站看到了垂直类维客的潜力,即寻找那些较为专业而又没有多少人触及的领域,在这个领域发展相应的共同写作内容。

知名的维客类网站有维基百科、百度百科等,图 1-34 所示为维基百科和百度百科的图标。

图 1-34 维基百科和百度百科的图标

2. 悬赏式任务招标平台

悬赏式任务招标平台,例如"猪八戒""K68"等,主要由一些用户发布带有悬赏式的任务,由另一些用户认领任务并交付相应的投标作品,再由前者从多个用户的投标作品中选择最合适的作品。通常悬赏的 80% 给中标的用户,20% 给维客平台网站。这类应用为许多有专长的用户提供了发挥特长、展现能力的机会。

以"猪八戒"网站为例,其是中国领先的企业服务平台,由朱明跃创办于2006年,服务交易品类涵盖了创意设计、网站建设、网络营销、文案策划、生活服务等多种行业。图1-35所示为"猪八戒"网站的首页。

图 1-35　"猪八戒"网站的首页

3. 问答式平台

问答式平台,例如"知乎""百度知道"等,主要由一些用户提出问题,另一些用户回答问题,提出问题的用户可以选出最佳答案。有时,为了鼓励更多的人提供答案,提问题的用户还会加一些积分奖励。

以"百度知道"为例。"百度知道"的搜索模式是用户自己有针对性地提出问题,通过积分奖励机制发动其他用户来解决该问题。同时,这些问题的答案又会进一步作为搜索结果,提供给其他有类似疑问的用户,达到分享知识的效果。图1-36所示为"百度知道"网站的首页。

图 1-36　"百度知道"网站的首页

1.3 新媒体生态

新媒体一直在发展之中，不同的新媒体平台持续涌现，并在发展过程中呈现出特有的生态特点。不同类型的新媒体不仅各有其特点，而且还相互补充、相互依赖，我们应对新媒体的生态特点有一个整体的把握。

1.3.1 不断发展中的新媒体

1. 发展中的新媒体

人们对新媒体概念的理解各不相同，而且不同的时代也有不同的新媒体出现，所以对"新媒体"这一概念只有相对的理解，而无法进行绝对地阐述。纵观信息技术革命的历史，语言、文字、印刷术、无线电技术、电报、电话、广播、电视等的应用，都曾经是新媒体的应用方式；而目前，互联网、移动互联网等是当代的新媒体。如果用发展的眼光看，互联网中的一些老网站（如门户网站）或应用（如BBS、电子邮件等）已经逐步被归为了传统媒体。

一些传统媒体会在新媒体发展的过程中衰落，甚至消失；而另一些传统媒体则会以"融合"的态度与新媒体结合，实现完美转型。

一些研究者认为，新媒体中几乎包含了所有传统媒体的内容，或者向下兼容。这样说是有一定道理的，例如我们在使用智能手机时，几乎可以接收原来在杂志、书籍、电视及计算机上传播的所有内容。

这也启发着我们需要用发展的眼光来看待新媒体，许多传统媒体也曾经是新媒体，今天的新媒体也终将会变成传统媒体，随着社会的发展，还会有新媒体不断地出现。

2. 新媒体与"互联网+"

"互联网+"是目前新媒体发展的绝对趋势，也是时下国内非常热的概念。

"互联网+"代表一种新的经济形态，即充分发挥互联网在生产要素配置中的优化和集成作用，将互联网的创新成果深度融合于经济社会各领域之中，提升实体经济的创新力和生产力，形成更广泛的以互联网为基础设施和实现工具的经济发展新模式。值得注意的是，在"互联网+"的时代，新媒体成为了很多企业发展必不可少的平台，如微信、微博等自媒体，都成了企业树立形象、建立品牌的平台。

实际上，"互联网+"是新媒体概念的延伸，也是将各种意义上的网络与各个行业相衔接，进而形成更多的连接，创造更多的机会。许多互联网领域的企业家或相关机构也在解读"互联网+"，读者不妨看看他们的理解，做到兼听则明。

课堂讨论：谈谈你对"不断发展中的新媒体"这一观点的理解，并分析作为从业者，我们该如何应对不断发展的新媒体？

1.3.2 新媒体是把双刃剑

任何事情都有两面性，新媒体也不例外。我们应充分发挥新媒体有利的一面，尽量避免或减少其负面影响。

1. 新媒体的积极影响

新媒体的积极影响主要表现在以下几个方面。

（1）率真性，即愿意讲真话，讨厌假大空。多数新媒体用户更愿意真诚交流，更愿意开诚布公，更愿意放下架子，讨厌虚情假意，讨厌空谈，讨厌装腔作势。

（2）正义性，即传播正能量，揭露丑恶面。多数新媒体用户更愿意传播感人事件，传播好人好事，传播英雄事迹，传播正能量，讨厌社会上言而无信、假冒伪劣等丑恶面，讨厌贪污腐败。

（3）善良性，即同情弱势者，共同献爱心。许多网民利用新媒体帮助弱势群体，奉献出爱心，不仅有倡议，而且有行动。在公益行动的各个环节，如发起倡议、过程实施、监督检查、事后跟踪等环节都能充分利用新媒体。

（4）口碑性，即好事传千里，网民自传播。不论是社会上的善举还是使用某些产品或服务时的良好体验，许多网民都喜欢"晒"出来与大家分享，博取赞扬或肯定。然后其他人再进行转发，通过新媒体传播给更多的人，形成网民自传播。

（5）理解性，即愿意沟通的多，通情达理的多。在遇到疑问或不同意见时，绝大多数网民愿意与他人沟通，交换意见，听取建议，而且多数情况下是通情达理、谦恭礼貌的。对于一些组织或个人的失误或错误，多数网民也能理性看待，能够理解。

（6）智慧性，即大隐隐于市，高手在民间。许多组织发现，"三个臭皮匠，赛过诸葛亮"的说法在新媒体上仍然成立。那么多的新媒体用户，他们中必定有高水平的人士存在，完全可以充分调动他们的积极性，出谋划策，提出建议，甚至设计产品。

2. 新媒体的负面影响

在看到新媒体积极一面的同时，也要对其负面影响有充分的了解。只有充分了解了，才能使我们对负能量在思想上有所准备，才能在自己运用新媒体时尽量避免犯错误，才能尽量减少新媒体给个体或组织带来不必要的伤害。

（1）负面性，即偏于责难，缺乏肯定。新媒体上经常会有一部分人对组织或个人发难，甚至会使表扬或肯定的声音弱于指责或否定的声音。

（2）非理性，即偏于情绪宣泄，缺乏理性思考。一些网民在新媒体上时常就某一事件口诛笔伐，以宣泄自己的情绪，而理性思考相对较少。

（3）从众性，即偏于人云亦云，缺乏自主观察。一些受关注度较高的事件出现后，不少网民在新媒体上人云亦云，有些评论被不加删减地复制，并被大肆传播，使新媒体呈现出围观喧闹的乱象。

（4）扩散性，即裂变传播快，信息放大快。裂变传播是新媒体的一大特色，也可以说是益处。但是如果被传播的是不实信息，那么虚假信息同样会"一传十、十传百"，像分子裂变一样迅速蔓延，危害的范围迅速扩大。

（5）逆反性，即因长期压抑而挑战权威。在传统媒体时代，受众很少有机会在媒体上发声，而新媒体则提供了这种机会，部分网民可能因长期受压抑，一旦在新媒体上大量释放情绪时，可能会滋长挑战权威或强势组织的欲望。

（6）匿名性，即隐身匿名，博得一时快感。虽然网络实名制已经实行了多年，但仍然有不少的匿名用户，以隐身的方式潜水，以匿名的方式抨击、讽刺他人，以获得某种程度上的快感或精神上的满足。

3. 扬长避短式应对

在初步理解了新媒体的益处及弊端之后，要采取扬长避短的方式应对。同时，还要做好充分的思想准备，规避或防范他人在使用新媒体时可能给自身造成的伤害。

1）扬长

充分发挥新媒体及新媒体用户的长处，要有激发策略。要了解并掌握各类新媒体的特点，结合自身或组织的特点，找到新媒体与自身或组织的契合点，充分发挥新媒体的有利方面，这样才能用好新媒体。

值得注意的是，有许多有利方面来自身新媒体用户本身，但需要加以激发才能显现出来。例如对于新媒体的率真性、正义性及善良性，可以通过相应的公益活动或有益讨论加以利用，以激发新媒体用户的热情。再比如智慧性，更需要新媒体使用方充分调动用户的积极性，来发掘用户自身的聪明才智。

2）避短

对新媒体及新媒体用户的短处要有所准备，要有应对的策略。

所谓的有所准备是指在使用新媒体时要对可能出现的情况有所预见，避免在出现某些情况后手忙脚乱，或者心神不宁，或者情绪失控。

所谓的应对策略是指在新媒体上遇到质疑、责难或谩骂的声音时，要有一定的应对策略。例如有时需要及时沟通，避免误解；有时需要及时互动，避免猜疑；有时需要及时监测，避免负面信息扩散；有时需要及时截图保存，做好打官司的准备。

1.3.3　新媒体形成新生态

随着新媒体的不断发展，已经形成了新媒体自己的生态，不同性质的账号，发出不同的声音，在某种程度上也能体现出"百花齐放，百家争鸣"的特点。

在新媒体这个生态中，有各种各样的用户，有普通"草根"网民，还有企业、政务部门、传统媒体入驻新媒体，以及新型媒体、意见领袖及自媒体等。

这个生态中的各类账号可能会产生各种互动。一些账号关注另一些账号，一些账号之间形成好友关系，通过新媒体平台，共同组成了当今新媒体的生态系统。每个具体的账号就是一个个体，同类账号即构成了种群（有时是某一类账号，有时是兴趣组或圈子），不同种类的账号即构成群落，多种群落加上新媒体平台即组成了新媒体生态系统。

1. 新生的账号

1）企业新媒体账号

企业通常在某个种类新媒体上开设官方账号，有时也根据不同产品或不同部门开设官方账号。企业官方账号通常发布企业动态、重要通告、新品介绍及促销活动等，并与用户进行互动；不同产品的官方账号则针对具体产品种类进行相应的产品介绍及促销；不同部门的官方账号则根据部门的工作重点，发布相应的信息，或提供相应的咨询和售前售后服务。

为了更好地帮助中国企业新媒体的发展，根据大数据建模分析结果，在2019年第七届中国企业新媒体年会上，国资委新闻中心、清博大数据、清华大学新闻研究中心联合发布了2019年中国企业新媒体系列榜单。榜单有"2019年度中国企业最具影响力新媒体账号""2019年度中央企业最具影响力新媒体账号""2019年度中央企业最具影响力新媒体二级账号"和"2019年度中央企业最具影响力短视频账号"。图1-37所示为2019年度中央企业最具影响力短视频账号（部分）。

2019年度中央企业最具影响力短视频账号		
单位名称	抖音账号	快手账号
国家电网有限公司	电网头条	电网头条
中国东方航空集团有限公司	中国东方航空	中国东方航空
中国南方航空集团有限公司	中国南方航空	中国南方航空
中国石油化工集团有限公司	中国石化	中国石化
中国航天科工集团有限公司	中国航天科工	中国航天科工
中国移动通信集团有限公司	中国移动	中国移动
中国航空工业集团有限公司	航空工业	航空工业
中国建筑集团有限公司	中国建筑	中国建筑
中国铁道建筑集团有限公司	中国铁建	中国铁建
中国南方电网有限责任公司	南网50Hz	南网50Hz
中国核工业集团有限公司	中核集团	中核集团
中国储备粮管理集团有限公司	大国粮仓	大国粮仓
中国交通建设集团有限公司	中国交建	中国交建
中国联合网络通信集团有限公司	中国联通	中国联通
中国石油天然气集团有限公司	中国石油	

图1-37 2019年度中央企业最具影响力短视频账号（部分）

2）政务部门账号

政务部门及相应的工作人员也在陆续使用新媒体。政务部门新媒体账号通常根据部门的职责，及时发布信息、组织活动、提供咨询及发掘民智。政务个人新媒体账号通常发布个人见闻，表达个人观点，与好友或粉丝间进行相应的互动交流。

目前，我国政务微博账号超过28万个，政务微信公众号已逾10万个。据调查显示，全国 31 个省级行政区和 334 个地级行政区都开通了数量不等的微信公众号,县乡级公众号最多,占政务部门账号 50% 以上。

图 1-38 所示为 2018 年政法系统类抖音账号数据统计图(部分)。

抖音账号	类别	粉丝数	获赞	作品数	运营部门
北京SWAT	▼	375.9w	919.4w	5	北京市公安局反恐怖和特警总队
中国长安网	▼	107.5w	1425.2w	74	中央政法委官方新闻频道
江苏网警	▼	122.9w	2182.4w	76	江苏省公安厅网络安全保卫总队
连云港警方	▼	55.8w	227.4w	65	连云港市公安局
六安特警	▼	125.1w	2129.6w	87	六安特警官方账号
成都特警	▼	75.1w	666.6w	43	成都市公安局特警支队
平安徐州	▼	78.5w	1278.1w	200	徐州市公安局
我们的天空	▼	112.1w	1013.3w	68	95829部队
平安重庆	▼	110.8w	1422.3w	59	重庆市公安局
阜阳警方	▼	18.5w	179.2w	56	阜阳市公安局

图 1-38　2018 年政法系统类抖音账号数据统计图(部分)

3) 传统媒体入驻新媒体

多数传统媒体都已意识到,与新媒体融合的最佳策略之一就是入驻各类新媒体平台。因此,在微博、微信等重要的新媒体上可以看到各类通讯社、报纸、杂志、广播电台及电视台的官方账号,它们既可以和一般的新媒体账号一样发布信息,与网友交流互动,也可以对传统媒体的线上内容进行引流,甚至形成线上线下的联动。部分传统媒体还专门搭建了独立的新媒体应用平台,如东方报业集团的"澎湃新闻"。图 1-39 所示为南方都市报微博账号。

图 1-39　南方都市报微博账号

2. 用户的新身份

1) 普通网民

普通网民当然是新媒体中力量最大的用户。在新媒体这个"全民皆传播者"的时代,只要愿意,人人都可以发布信息,人人都可以和他人进行互动交流。新浪首席执行官兼董事长曹国伟认为,互联网带来的本质变化是信息对称,提升市场资源配置效率。这也意味着公众既可以展现才华，也可以揭露丑恶现象，甚至为自己维护合法权益。

2）意见领袖

传统的意见领袖是指大众传播中的信息中介，人际传播中的活跃分子，他们经常为受众提供信息、观点、建议，对他人施加影响。意见领袖往往更快接触到媒介信息，将媒介信息加工处理后传播给受众。意见领袖具有和被影响者处于平等关系、均匀分布在社会上任何阶层和群体中、社交范围广、信息渠道多、接触量大等特征，有单一型和综合型领袖。意见领袖作为媒介信息影响的中继和过滤点，会对大众传播效果产生重要的影响，是大众传播中不可缺少的一部分。

在新媒体时代，由于互联网技术和平台的变革，以及社会化媒体的发展，意见领袖在生成机制、社会功能、特征属性等方面都经历了变迁。

新媒体时代的意见领袖与其追随者之间的信息流通方式与大众传播存在诸多相似之处，它们都具有一定的公信力且信息传播是实时的、大范围的直接传播，为大众提供信息、意见等内容。因此，在新媒体时代，意见领袖越来越具有媒体的属性，同时还具有信息流、信息桥和意见提供者等多种属性。

我国意见领袖最多的是媒体人，其次是学者，然后是作家、企业家与律师等。紧随其后的是"草根"（平民），这说明在新媒体时代，即使原来是"草根"，也有可能成为意见领袖。值得注意的是，每个独立的意见领袖的账号本来就有较大的影响力，一旦他们之间再进行互动的话，他们的受关注度会成倍增长。

3. 不可小觑的自媒体

自媒体又称"公民媒体"或"个人媒体"，是指私人化、平民化、普泛化、自主化的传播者，是以现代化、电子化的手段，自建或利用新媒体平台，向不特定的大多数或者特定的单个人传递相关信息的新媒体的总称。自媒体可以是不同平台的个人账号，也可以是微博或微信公众账号，还可以是图片或视频的生产者。

新媒体快速发展呈现出以下三个态势。

1）新技术加持

自媒体本身就是源自互联网技术的成熟以及移动互联网时代的到来，是对传统媒体具有颠覆意义的新兴媒体。近年来，随着新技术的不断涌现，新媒体内容的呈现形式日趋多元化。

2）音视频自媒体和直播自媒体崛起

自媒体诞生以来，主要的内容创作多为图文形式。近年来，音频自媒体异军突起，某音频公司的语音直播上线3个月收入就超过31 000万元。同时，短视频行业和直播行业市场也迎来了发展新机遇，产品火爆发展且更新迅速。

3）内容付费时代到来

不同于图文时代自媒体的免费阅读，近年来音视频类自媒体的付费内容产品越来越受到市场的欢迎。具体的付费内容产品形态包括音频录播、图文分享、在线问答、视频直播、视频录播、付费传统媒体等。基于用户越来越细分的需求，付费内容产品的形态也呈现出多元化态势，出现向线下延伸的趋势。

总之，新媒体种类繁多，行业发展日新月异，需要积极关注并紧随潮流；同时，新媒体发展有利有弊，需要了解利弊，扬长避短。

1.4 本章小结

新媒体时代，媒体与受众的关系从单向灌输向双向互动转变。媒体与用户之间随时都在进行信息、观点、情感的交流、交锋、交融。从简单交互，到深度参与，直至出现像微博、微信、抖音、快手这样几乎完全由用户提供内容的产品，媒体与用户日益成为信息传播的共同体、价值判断的共同体、情感传递的共同体。用户的数量、停留时长、参与程度，代表媒体对受众的吸附聚拢能力、社会动员能力和行为塑造能力，构成媒体视为生命的传播力、引导力、影响力、公信力。

随着 5G 时代的到来，拍摄、制作、上传的门槛大大降低，短视频将迎来爆发式增长。由用户上传，将移动化和社交化相结合的社交小视频，将有可能创造增长神话。着眼这种趋势，国内主流传统媒体（如人民日报等）正在准备上线视频聚合平台。目前，除了传统意义上的新闻资讯外，生活服务、健康知识、历史钩沉、娱乐视频等泛资讯大规模进入新媒体内容生态。

传统媒体和新媒体的结合趋势已经形成，在认识到这一点之后，传统媒体行业纷纷开始主动转型，新媒体行业的发展已经成为不可阻挡的潮流。

第2章　内　容　策　划

"没有哪条法律规定广告必须看起来像广告，如果广告看上去像普通的报章内容，可以吸引到更多的读者。阅读报纸上一般文章的人大约是读广告人数的6倍，在20人中能吸引到一个读者的广告简直是凤毛麟角。我得出的结论是编辑比广告人更深谙传播之道。"

这是广告界传奇人物、奥美广告公司的创始人——大卫·奥格威（D.ogilvy）在其著作《奥格威谈广告》一书中曾谈到的观点。虽然那时还没有内容策划与内容营销的概念，但奥格威已经意识到了应该"用编辑思维做广告"，并将这种思维应用在奥美的广告战略中，取得了惊人的成就。

内容策划是内容营销的基础部分，本章将围绕"内容策划"这一主题展开，了解内容策划的相关概念、历史沿革以及内容营销、内容运营等相关领域的知识。

2.1　内容策划概述

"策"意思是计划、谋略、创造性的智慧工作，就是通过具有创意的想象构思出创造性的想法；"划"意思是指计划、筹划，以及运用脑力的理性思维，具体执行运作这个想法。"策划"包括活动流程的制定以及执行等。

2.1.1　内容策划的含义及重要性

策划是指根据现有的资源信息，判断事物变化的趋势，确定可能实现的目标并预测结果，再由此来设计、选择能产生最佳效果的资源配置与行动方式，进而形成决策计划的复杂思维过程。

（1）从策划的过程看，一个完整的策划基本上包含了预测和决策两大步骤，包括"大胆设想"与"小心求证"。

（2）从策划的内容看，一个完整的策划基本上包括战略策划和战术策划两大内容，可以称为"审时度势的战略策划"和"行权达变"的战术策划。

（3）从策划的性质看，策划是一项极为复杂的综合性思维工程。

1. 内容策划的定义

内容策划是根据产品的营销战略和策略，以及市场、产品、消费者、竞争者的状况和广告环境，遵循系统性、可行性、针对性、创造性、效益性的原则，为产品的整体经营提供规范和科学的广告活动规划方案的决策活动过程。

2. 内容策划的五大要素

一个完整的内容策划，基本上都包括策划者（策划主体）、策划依据、策划对象、策划方案（策划方法）和策划效果评估（策划的结果）五大要素。

1）策划者

策划者即内容创作者，是内容策划活动的中枢和神经，在内容策划过程中起着"智囊"的作用。内容策划者必须知识广博，思维敏捷，想象力丰富，并且深清市场，谙熟营销，具有创新精神。

2）策划依据

策划依据是指策划者必须拥有的信息和知识。策划依据一般包括两大部分：一是策划者的知识结构和信息储存量，这是进行科学策划的基本依据；二是有关策划对象的专业信息，比如企业现状、产品特性、市场状况、广告投入等，这些信息是进行策划活动的重要依据。

3）策划对象

策划对象是指广告主或所要宣传的商品或服务。策划对象决定着内容策划的类型，以广告主为对象的内容策划属于企业形象的内容策划，以某一商品或服务为对象的内容策划为商品销售的内容策划。

4）策划方案

策划方案是策划者为实现策划目标，针对策划对象而设计创意的一套策略、方法和步骤。策划方案必须具有指导性、创造性、可行性、操作性和针对性。

5）策划效果评估

策划效果评估是对实施策划方案可能产生的效果进行预先的判断和评估，据此可以评判内容策划活动的成功与失败。

3. 内容策划的重要性

1）有助于提高产品知名度

产品本身不会说话，需要通过内容去表达。用户在网上通过微信公众号、抖音、淘宝店等渠道并不能接触到实体产品，只能接触到表达产品的内容。

因此，优质的内容和多渠道的内容推送能让更多用户接触到产品信息，提高产品的知名度。例如，某淘宝文创商家通过软文大大提高了其产品的知名度。

2）有助于提高用户黏性

许多用户关注产品，其实关注的是内容，优质的内容会让用户欲罢不能。"双微一抖"上的大号之所以有那么多粉丝，都是因为其能够长期输出优质内容。例如"丁香医生""一条"等微信公众大号，其输出的文章都有数万用户阅读，并留言交流，大大提升了用户的黏性。

3）有助于提高用户转化

用户是否愿意付费，很多时候是和提供的内容是否优质有很大关系的。例如视频应用软件腾讯视频、爱奇艺、芒果 TV 等，用户是否愿意办卡取决于他们是否喜欢这些软件的付费影视节目。

4. 策划与计划的区别

1）两者的存在状态不同

策划是一个动态的过程，是一个为了实现目标而进行的创造性思考和创造性实践的过程。计划是一个静态的概念，是一个关于实现策划目标的行动方案，是为了达成目标所做出的从现在到未来的时间安排表。从策划的角度来看，计划是策划活动的最终产物，即是对一系列策划活动的归纳和总结，是策划所决定的战略、战术、部署步骤的书面体现，没有策划也就无所谓计划。

2）两者的产生方式不同

策划是一种创造性的智力活动，它是在事实的基础上进行丰富的想象和创意的活动。它需要策划者具有较高的智慧。计划则是一项机械性的工作，只要掌握一定的写作模式，就可以按部就班地拟定各项程序和细节，无须创意。

2.1.2 内容策划的七个核心环节

内容策划有七个核心环节，包含选题规划、内容计划、形式创意、素材整理、内容编辑、内容优化和内容传播。

1. 选题规划

新媒体运营的第一个环节是进行选题规划，策划出下一阶段的主要内容形式、内容选题等，并做成计划表，作为下一阶段的内容运营总纲。

2. 内容计划

"选题规划"做的是阶段性的内容设计，而"内容计划"做的是更具体的内容设计，也就是要解决以下重要问题。

（1）制作本次内容的目的是什么？

（2）内容投放的渠道在哪里？

（3）该渠道的用户是谁？

（4）内容制作的周期是多久？

（5）内容的主题、风格如何设计？

3. 形式创意

确定内容后，要根据企业调性、用户习惯、渠道特点、竞品内容等设计出新颖的、有创意的表现形式，完成内容的展现。

4. 素材整理

内容形式敲定后，需要进行素材的收集与整理。素材包括内部素材（如产品图、产品理念、活动流程、内部数据等）和行业素材（如行业数据、行业新闻、网民舆论、近期热点等）。

5. 内容编辑

根据上面步骤的执行结果，进行文章、海报、H5、视频等内容的创作。

6. 内容优化

内容编辑工作完成后需要进行测试、反馈及优化，如果转化率低或反馈不好，需要对内容进行优化与调整。

7. 内容传播

设计传播模式及便于传播的内容，引导粉丝将内容转发到朋友圈、微信群或更多渠道。

2.1.3 新媒体内容策划的九个步骤

新媒体内容策划指的是运营者利用新媒体渠道，通过图片、文字、视频等方式向用户传播信息，并激发用户参与和再传播的过程。

"内容"不仅指信息本身，还包括内容的表现形式和传播渠道。表现形式包括图片、文字、视频、音频等，例如喜马拉雅的内容表现形式是音频，抖音的表现形式是视频，微信公众号的表现形式是图片和文字；传播渠道是指将内容进行广泛传播所需的媒体渠道，微信、微博、知乎、抖音、今日头条等都是内容的渠道，内容运营者可以结合用户的内容浏览习惯选择合适的传播渠道。

新媒体内容策划大致分为9个步骤。

1）我是谁——确定产品的特点

不管对哪个广告主或者哪个产品，都需要定位和分析，这是前期必须要做的工作。

2）我能做什么——把握产品的功能

聚焦于产品的实用价值，从内到外，依次排列，为后续工作的布局奠定基础。

3）推广理由——策划的目标

这个与产品的定位是分不开的，同时也受制于公司预算这一因素。经费的多少将决定策划中要侧重的目标。

4）推广对象——目标人群

专业用语叫"用户自画像"，要从地域到年龄，从文化到个性等方面考虑目标人群。前期要尽可能多地罗列目标人群，后期要学会归纳，抓重点人群。

5）推广内容——营销内容策划的重点

究竟是采取简单粗暴方式还是采取情感营销方式，是采取事件热点营销方式，还是采取内容运营营销方式，是采取持续吸粉方式还是采取一次性完成收割方式，这都需要策划者注意把握好时期和阶段。

6）怎么说——表现手段

表现手段一般有两个方面，一方面是风格，另一方面是载体。风格包括傻白甜、高大上等；载体则包括图文、短视频，或者是时下最火热的直播形式。

7)通过什么说——平台（媒体）组合

"混搭""跨界"都是时下最火热的词汇，可以是"抖音短视频"与"小红书种草"齐上阵，也可以是微博和微信公众号两平台联动，多种媒体组合传播已经是内容营销的必经之路。

8)在什么时间说——媒体排期

什么时间说非常重要，例如针对上班族的产品，应该聚焦在他们的休息时间进行内容传播；针对中年人的产品，应根据他们的作息情况进行内容发布和推送。

9)效果怎样——效果监控

这是甲方的要求，也是自律的标准。效果是决定内容策划以及内容营销活动成败的唯一标准、时刻监控营销及传播效果，也有利于调整营销方向。

2.2 内容策划的历史沿革

为了更好地理解内容策划，有必要回顾一下内容营销的发展史。

策划与营销的发展和媒体的更替息息相关，内容策划与内容营销也不例外。结合媒体发展史，可以清晰地看到，内容策划与内容营销经历了四个发展阶段。

2.2.1 报纸/杂志内容

得益于中国四大发明中的造纸术和印刷术，使文字消息不再依靠口口相传而是通过报纸这种媒介广为流传。

1.《耕》——客户杂志

1895年，约翰·迪尔（J.Deere）公司发行了客户杂志《耕》（*The Furrow*），这是最早的品牌内容营销案例。1921年，该杂志发行量达到了400万册这一历史巅峰。迄今为止，《耕》已经被翻译成12种语言，在40个国家发行。最开始的时候，杂志直接发布与品牌相关的广告；然后慢慢转型成为农民年鉴，刊载农业相关信息；现在，它主要讲述个体农民的故事。图2-1所示为客户杂志《耕》的网页版截图。

图2-1 客户杂志《耕》的网页版截图

2.《米其林指南》——观光旅游与美食餐饮评鉴指南

1900年，为了推动汽车业的发展，同时也为了促进米其林集团的成长，米其林集团的创始人安德烈·米其林（Andrei Michelin）与爱德华·米其林（Edward Michelin）在法国出版了世界上第一版《米其林指南》，它是一本免费提供给驾驶者的共400页的红色小册子。《米其林指南》中收录了大量的实用信息，包含更换及维修轮胎的小知识、城市地图、加油站位置、酒店地址和汽车制造商列表等。

至今，《米其林指南》发行超过一个世纪，总发行量超过150万册，是全球发行历史最久的观光旅游与美食餐饮评鉴指南，也是全世界最具权威性的饮食评分系统。《米其林指南》向旅行者推介酒店及餐厅（也就是大家非常熟悉的美食标杆"米其林餐厅"），其中"绿色指南"则提供旅游信息。

2016年，北欧版《米其林指南》在丹麦的哥本哈根发行（见图2-2），在其推介的酒店和餐厅中，丹麦的Geranium餐厅和挪威的Maaemo餐厅同时摘得三星，成为包括丹麦、芬兰、挪威、瑞典在内的北欧地区率先当选米其林三星餐厅的餐饮企业。

图2-2　2016年的北欧版《米其林指南》

3.《果冻食谱》——免费食谱

1904年，杰纳西纯正食品公司（Genesee Pure Food）为了更好地推广果冻，发行了《果冻食谱》这本杂志，告诉家庭主妇如何做好果冻。截至1906年，该公司发布的免费食谱为公司创收100多万美元。

4.《特种部队》——开启玩具营销革命

20世纪60年代，美国市场上主要的人偶玩具是美泰公司针对女孩子推出的芭比娃娃系列玩具产品，而属于男孩子的人偶玩具存在巨大的市场空白。这时，"孩之宝"公司的一位员工提出了制作面向男孩子的人偶玩具的想法。当时，"孩之宝"的总监非常赞同这一想法。随后，"孩之宝"公司推出了一款士兵人偶玩具，该人偶玩具30cm高，身穿海、陆、空三军作战服，并配有相应的装备。值得注意的是，这个玩具不同于市面上常见的普通塑料玩具，它全身的很多关节是可动的，具有超强的可动性，这正是以往的人偶玩具所不具备的特色，玩具可玩性极强。

后来，"孩之宝"公司借鉴了星球大战人偶玩具的经验，把士兵人偶玩具缩小，还开发了漫画和动画作为推广的配套方式。这样，整个"特种部队"系列产品被推出了，其推出的顺序依次是：玩具—漫画—动画—电影—继续卖玩具。

1982年，美国"孩之宝"公司携手漫威公司（Marvel）推出了漫画杂志《特种部队》，以这种方式引领了玩具营销革命。图2-3所示为"特种部队"玩具和同名漫画。

图 2-3　"特种部队"玩具和同名漫画

5. 乐高系列杂志

1987 年，乐高公司（Lego）推出了 *Brick Kicks* 杂志，现更名为《乐高俱乐部》。目前，乐高还推出了多种系列杂志，例如《乐高好朋友》《乐高城市》等。

以《乐高好朋友》为例，该杂志主要讲述了五位年龄相仿、个性鲜明的女孩解决发生在心湖城的事情的故事。其中设置了寓教于乐的玩乐体验、动手动脑的创意 DIY，这些将使小女孩在游戏中启发灵感，激发创意，提升学习知识和解决问题的能力。图 2-4 所示为乐高系列杂志。

图 2-4　乐高系列杂志

从 19 世纪至今，发行杂志一直是企业内容营销的重要方式。过去，由于成本原因，一般只有规模较大的企业才有能力发行纸质杂志，如宜家、米其林、红牛等。到了互联网时代，出现了电子杂志，众多小微企业也有能力制作并发行精美的品牌电子杂志了。

课堂讨论：你喜欢的报纸和杂志有哪些？请与大家分享。

2.2.2　广播内容

广播是指通过无线电波或导线传送声音的新闻传播工具。通过无线电波传送节目的称无线广播,通过导线传送节目的称有线广播。广播诞生于20世纪20年代。广播的优势是对象广泛,传播迅速,功能多样,感染力强;劣势是一瞬即逝,顺序收听,不能选择,语言不通则收听困难。

1906年圣诞节前夜,美国纽约附近的一个广播站进行了有史以来第一次广播。广播的内容是两段笑话、一支歌曲和一支小提琴独奏曲。这一广播节目被当时四处分散的持有接收机的人清晰地收听到了。

1. 西尔斯超市——播出广播节目帮助农民

在美国有一个家喻户晓的名字:西尔斯超市。百年的沧桑,成就了这个不一般的零售业巨头,西尔斯超市在管理和营销方面开创了很多先河,成为现今很多美国企业的榜样。1922年,世界最大的零售连锁超市西尔斯播出广播节目,在经济紧缩期间,用广播节目帮助农民了解西尔斯罗巴克农业基金会提供的有用内容。图2-5所示为西尔斯超市。

图2-5 西尔斯超市

2. 美国通用电气公司——"电话应答中心"为消费者提供知识

通用电气公司(General Electric Company,GE),又称为奇异公司、通用电力公司,它是世界上最大的电器和电子设备制造公司及提供技术和服务业务的跨国公司。

早在1981年,通用电气公司就开始了以"通用电气向消费者个人化,消费者向通用电气个人化"的尝试。通用电气公司是美国第一批将800数字电话公诸于世的企业,企求顾客对公司和产品的反馈意见。结果,成千上万的顾客利用这种免费电话来诉说不满,提出问题。通用电气公司马上意识到,这是让客户释放其被压抑的情绪的好方法,公司立即设立了五个电话应答中心,分别为打来电话的顾客提供有关电器使用、保养的一般知识,分析他们遇到的问题与故障的原因,为他们提供最快速的技术援助。公司每年接收的电话询问高达310万人次,其中80%来自消费者,20%来自零售商和制造商。图2-6所示为通用电气公司的徽标。

图2-6 通用电气公司的徽标

虽然广播和电视是同时代诞生的，但电视在营销应用方面的优越性明显优于广播，所以企业大多选择电视进行营销。到了互联网时代，数字音频的优势迅速凸显，形成了内容营销的新战场。

2.2.3 电视内容

电视得益于成像技术的突破和传输技术的发展，使信息传递的内容更加丰富，给人们带来了更新的视听感受。

第一台电视机面世于1924年，由英国的电子工程师约翰·贝尔德（J.Baird）发明。1928年，美国的RCA电视台率先播出了第一套电视片 *Felix The Cat*。从此，电视改变了人类的生活、信息的传播和思维的方式。从此，人类步入了电视时代，电视节目从黑白到彩色，电视信号从模拟到数字，电视屏幕从球面到平面不断向前发展。

1954年，美国得克萨斯仪器公司（RCA）研制出了第一台全晶体管电视接收机RCACT-100。这台电视机采用了NTSC制式，是人类历史上第一台彩色电视机，当年在美国西屋电器的售价为1000美元。当时，电视显像管非常昂贵，RCA生产的每一台电视都在亏本销售。后来，随着新品不断上市，他们用很短的时间就获得了相当于前期损失两倍的利润。

1.《海尔兄弟》——海尔集团宣传企业理念

1995年，海尔集团投资的以企业形象为主题的动画片《海尔兄弟》在中央电视台播出。动画片里面的主人公海尔兄弟正是海尔公司旗下产品的卡通形象。海尔兄弟机智勇敢、真诚善良，体现了海尔集团真诚为客户服务的理念。图2-7所示为海尔集团的徽标与《海尔兄弟》动画片截图。

图2-7 海尔集团的徽标与动画片《海尔兄弟》截图

2.《铁臂阿童木》——卡西欧公司赞助拍摄

20世纪末，有一部名为《铁臂阿童木》的日本动画片在中国大受欢迎。其实，这部动画片是日本的卡西欧公司在中国免费播放的，但免费播放的前提条件是要在动画片中加入该公司的广告。因为动画片受欢迎，其植入广告宣传的"卡西欧"这个品牌到现在依然深入人心。《海尔兄弟》的播出与《铁臂阿童木》的播出有着异曲同工的作用，但海尔公司并没有在动画片里面植入广告，而是利用海尔兄弟淳朴的形象进入其他国家，让其他国家的人民能够感受到海尔兄弟充满正能量的形象。图 2-8 所示为卡西欧公司的徽标与动画片《铁臂阿童木》的截图。

图 2-8　卡西欧公司的徽标与动画片《铁臂阿童木》的截图

20 世纪 90 年代至 20 世纪末，许多品牌企业都投资拍摄了影片，这些影片大部分是以宣传企业的形象为目的的，除了前面提到的《海尔兄弟》《铁臂阿童木》之外，还有"孩之宝"公司推出的《眼镜蛇复仇记》等一系列动画影片。淘米网为了推广游戏，还拍摄了同名动画片《摩尔庄园》和《赛尔号》。一些玩具厂也通过动画片的放映，提升了玩具的销量，如《铁胆火车侠》《四驱兄弟》等。

课堂讨论：你了解到的有关电视内容策划或电视内容营销的案例还有哪些？

2.2.4　互联网内容

得益于人类历史上的第三次科技革命——信息革命，使人们得以将报纸、杂志、电视、电台等传统媒体上的内容，以互联网技术为支撑，在各个智能终端上进行高效地传播。

1971 年，电子邮件诞生了。电子邮件是一种用电子手段进行信息交换的通信方式，是互联网应用最为广泛的服务。通过网络的电子邮件系统，用户可以以非常低廉的价格、非常快速的方式，与世界上任何一个角落的网络用户联系。电子邮件可以是文字、图像、声音等多种形式的。

1991 年，万维网诞生了。万维网是一个由许多互相链接的超文本组成的系统，可以通过互联网进行访问。在这个系统中，每个有用的事物都被称为一种"资源"，并由一个全局"统一资源标识符"标识。这些资源通过超文本传输协议传送给用户，用户通过单击链接来获得资源。万维网联盟又称 W3C 理事会，1994 年 10 月在麻省理工学院计算机科学实验室成立，其创建者是万维网的发明者蒂姆·伯纳斯·李（Tim Berners-Lee）。图 2-9 所示为万维网概念图与蒂姆·伯纳斯·李。

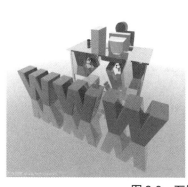 

图 2-9　万维网概念图与蒂姆·伯纳斯·李

1997 年，第一个流行的即时通信软件 AIM（AOL InstantMessenger）出现了。AIM，类似于 MSN，Yahoo!，Windows Live Messenger 等，兼容 Microsoft Windows，Mac OS, Mac OS X 和 Linux。2005 年，AIM 的市场占有率为 52%。

1999 年，博客工具 Blogger 和 LiveJournal 出现了。

Facebook 是世界排名领先的照片分享站点，属于典型的社交性内容分享平台。图 2-10 所示为 Facebook 的徽标与马克·扎克伯格。

图 2-10　Facebook 的徽标与马克·扎克伯格

2005 年，YouTube 创立。YouTube 是一个视频网站，公司早期位于加利福尼亚州的圣布鲁诺，注册于 2005 年 2 月 15 日，由美籍华人陈士骏等人创立。YouTube 允许用户下载、观看及分享影片或短片。网站的未注册用户仍可以直接观看视频，而注册用户则可以上传无限制数量的影片。当影片可能含有限制性的内容时，该片仅限 18 岁以上的注册用户观看。YouTube 作为当前行业内的在线视频服务提供商，每天要处理上千万个视频片段，为全球成千上万的用户提供高水平的视频上传、分发、展示、浏览服务。2015 年 2 月，中国中央电视台首次把春节联欢晚会推送到了 YouTube 等境外网站上。图 2-11 所示为 YouTube 的徽标与陈士骏。

图 2-11　YouTube 的徽标与陈士骏

2006 年，Twitter 创立。2006 年，Twitter 由比兹·斯通（Biz Stone）、埃文·威廉姆斯（Evan Williams）和杰克·多西（Jack Dorsey）共同创建。自推出以来，Twitter 已经成为互联网上十大最常用的网站，并被称为"互联网短信"。未注册用户可以阅读微博，而注册用户可以发布微博等。图 2-12 所示为 Twitter 的徽标与杰克·多西。

图 2-12　Twitter 的徽标与杰克·多西

2007 年，红牛维他命饮料有限公司成立红牛媒体工作室。在此之前，红牛旗下有一本杂志叫《红色公告》，最早起源于赞助"F1 方程式"赛车的活动。在每场赛车比赛之前，公司的编辑团队都会事先收集好比赛的内幕花絮和往届赛事的历史趣闻，并将这些花絮和趣闻经过精心编辑策划之后印刷在这本杂志上。现在这本杂志的价值，已经难以用它曾经帮助公司销售了多少罐红牛饮料来衡量了，它已经完全成为了一家独立的媒体公司——红牛媒体工作室。这家媒体公司就像《华盛顿邮报》和 CNN 一样，除了承担红牛品牌推广的任务之外，它已经可以独立运营并产生利润了。

而且，现在的红牛媒体工作室的业务已经涉足到了电视剧、纪录片、世界大赛转播、音乐制作等多个领域，甚至还能通过出售他们的版权盈利。从搭建媒体工作室，经营杂志、电视台、唱片公司到极限运动的运作，红牛已经保存了 5 万多张照片、

5000条视频,还有各种独家内容等一大批珍贵资料。值得红牛骄傲的是,现在就连正式媒体想要转载某些内容都要向其付费购买版权。通过各种赛事的多样化运作,红牛储备了大批有影响力的粉丝,其中不乏行业大咖、明星和知名媒体人,他们是帮助红牛公司美誉度传遍全球的宝贵资源。图2-13所示为《红牛公告》杂志。

图2-13 《红牛公告》杂志

2008年,宝洁公司(P&G)创建了网站BeingGirl.com,该网站帮助年轻女孩解答对青春期身体变化的疑问,其有效性是其他传统广告的4倍。

2009年,新浪微博上线。

2012年,微信公众平台上线。

2015年9月14日,全球最大的移动消费生活平台"手机淘宝"宣布涉足内容营销领域,正式推出"内容开放计划",欲打造第一商业媒体入口,鼓励广大自媒体、资深消费者等入驻其内容开放平台,为淘宝亿万商家创作优质内容。广大媒体、自媒体、各个领域的专业机构等第三方内容市场,只要入驻手机淘宝内容开放平台,他们为消费者所提供的个性化、丰富多样的内容就可以在手机淘宝六大内容版块上得以呈现,在接下来的三年将共享20亿元规模的市场佣金收入。图2-14所示为"手机淘宝"内容推荐板块"有好货"。

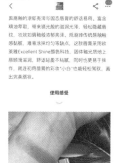

图2-14 手机淘宝内容推荐板块"有好货"

2015年，欧莱雅在内部创建了一个"内容工厂"，目的是为美容品牌产品提供实时的本地共享内容，品牌包括美宝莲和契尔氏等。最初，内容部门由三个人组成，部门设立在加拿大的蒙特利尔。如今，团队共同协作，就干货视频、美妆教程，以及社交媒体上的照片进行视觉和文本内容的创造。欧莱雅与YouTube密切合作，希望能够对平台有深入的了解，并决定在此之上创建更多的与品牌相关的内容。图2-15所示为欧莱雅的微信公众号与微信视频号，都非常注重内容的编撰。

图 2-15　欧莱雅的微信公众号与微信视频号

2016年7月，知乎上线了机构类用户专用的知乎账号——知乎机构账号。知乎机构号是机构用户专用的知乎账号，与知乎社区内原有的个人账号独立并行，其使用者为有正规资质的组织机构，包括但不限于科研院所、公益组织、政府机关、媒体、企业等。以下简称机构号。迪士尼、爱彼迎、MINI中国等10家知名企业成为首批入驻知乎的机构。

以MINI中国为例，MINI中国通过参与讨论，成功地打入了知友们的内部，通过互动交流，也让知友们对这个机构账号小伙伴有了更多的了解。MINI中国与知友们坦诚互动，自带话题的评论也获得了更多的关注。图2-16所示为MINI中国建立知乎机构号的宣传海报。

图 2-16　MINI中国建立知乎机构号的宣传海报

2017年，微信公众号数量突破了2000万个。

众多品牌例如江小白、京东、淘宝、滴滴、OPPO、唯品会、999感冒灵、百雀羚等都积极建设各自的微信公众号，并持续在自媒体中分享优质的内容，取得了良好的营销效果。

在这一阶段，大批企业开始创建自己的媒体工作室和新媒体部门，尝试着在自己的渠道诉说自己的故事，企业媒体化已是大势所趋。可口可乐在内容创作方面比在电视广告上花的钱更多。微软、思科、宝洁等许多大公司利用内容营销来搜集线索，增加销售额。

目前，内容策划以数字化内容为主，形式非常丰富，包括数字化的文字、图片、音频、视频等。不难发现，不管技术如何发展，内容的形式如何变化，"讲故事"是企业内容营销永远的主题。

2.3　内容营销与内容运营

内容策划是内容营销与内容运营不可缺少的环节。

内容营销重视推广和工具平台；内容运营则重视内容本身、策划能力和创意。简单来说，营销是要深度洞察受众群体，是向外传播，帮助某产品或者某品牌进行营销传播，起到占领心智的作用；运营是注重自身用户的转化和留存。

近年来，随着社会化媒体、网络广告等众多新型内容传播工具的出现，内容营销、内容运营和内容策划已经成为了营销和公关行业的高频词汇。

2.3.1　内容营销

内容营销在市场营销领域中尚属新概念，相关专著及文献的出版基本集中在2010年以后，对其关注的主要是业界，学界对其尚缺乏深入的关注和研究。

1. 内容营销的概念

内容营销的概念最先出现在美国，相关著作和文献大多也诞生于美国，所以先看看美国业界有关内容营销的权威定义。

美国内容营销协会对内容营销的定义为：内容营销是一种战略性的营销方法，重点是创建和分发有价值的、相关的、一致的内容，以吸引和保留定义明确的受众，并最终推动客户行动。

由此可以总结出内容营销的以下三个关键词。

（1）有价值的——内容应该对用户有价值，包括功能价值和情感价值。

（2）相关的——内容应该和品牌或产品相关。

（3）一致的——内容中应该保持一致的品牌符号、品牌个性等。

关于营销目标的关键词有以下三个，如表2-1所示。

表 2-1　营销目标关键词汇总表

关键词	内容
吸引	吸引潜在用户
留存	加强和现有用户的联系
转化	推动用户行动

综上所述，内容营销是一个总称，包括所有的营销方式，涉及建立或共享的内容，目的是接触并影响现有的和潜在的消费者。内容营销是指以改变顾客的购买行为和培养销售能力为目的，由企业向目标客户传递有价值的信息的营销活动。做好内容营销的关键是做好有价值信息的收集制作工作。通过这些信息传递自身对客户需求的理解并愿意与客户建立某种联系。

内容营销指的是以图片、文字、动画等介质传递企业的相关内容来增加客户的信心，促进企业产品销售。他们所依附的载体，可以是企业的商标、画册、网站、广告，甚至是 T 恤、纸杯、手提袋，等等。载体和传递的介质各有不同，但内容的核心必须是一致的。

2. 内容营销的表现形式

内容营销包含很多种方式，如可以自己发行电子报刊、杂志，也可以开设微博账号。内容可以委托专业化媒体制作，也可以招聘专业人才自己做，还可以与第三方合作制作等。总之，只要是以内容为主的，就是内容营销。内容营销与纯广告不同，它不追求那种立竿见影式的非理性的很直接的行为改变，而是注重长期的、理性的、润物无声式的内容教育。内容营销可帮助企业树立"意见领袖"的形象，扎实提高品牌的忠诚度、黏度。如今，人们的信息来源越来越多元化，每一次消费之前都要查遍各种信息，做出各种比较，这对于企业来说，做好内容营销显得更为重要。

内容营销是借助娱乐化的内容而进行的营销模式。图文、视频、直播等形式的强视听冲击力和大信息承载量是内容营销的基础，优质的内容和一定的用户基数是内容营销的核心。

3. 内容营销的优势

1）完善品牌资产

品牌是一个立体、复杂的概念，以品牌核心价值为中心，包括符号、权威基础、情感利益、功能利益、个性、典型顾客形象等六个方面。采用传统的营销方式，受制于篇幅、时长等因素，在品牌的塑造上很难面面俱到，此时，内容营销就成了帮助企业全面建立品牌资产的有效手段。全面建立品牌资产，是内容营销的主要目的。

2）提高沟通效率

相对传统营销，内容营销能显著提高企业和用户的沟通效率。以 2003 年日本电通公司改进后的营销沟通效率公式为基本逻辑,从到达、效果、购买成本三个角度进行分析,看看内容营销是如何提升企业和用户的沟通效率的。图 2-17 所示为沟通效率计算图。

$$沟通效率 = \frac{到达 \times 效果}{购买成本}$$

图 2-17 沟通效率计算图

(1)到达。

到达包含两个层面:第一个层面是信息的到达,意思是你的内容分发出去后,能不能出现在消费者的面前;第二个层面是信息的注目。意思是你的内容被消费者看到、听到或感受到后,能不能引起他们的注意。

(2)效果。

现在,消费者越来越不信任广告,而编辑内容作为广告的替代升级,也催生了各种品牌网站,品牌网站和网站编辑的内容也大大超过了电视、广播和互联网上的广告。这里的编辑内容包括企业博客、论坛、自媒体等渠道的品牌相关内容,它们和品牌网站一起,构成了品牌内容营销的主战场。

消费者需要大量内容来辅助决策。互联网的普及已经显著改变了消费者的购买模式和习惯,他们不再像过去那样轻易相信广告,做出冲动购买决策了。大量数据表明,消费者会从互联网上获取大量内容来辅助消费决策。

(3)购买成本。

购买成本是指顾客购买商品或服务所花费的各种成本,包括货币成本、情感成本、时间成本、体力和精神成本等。

传统营销相对于内容营销,耗资巨大,并且"羊毛出在羊身上",所有耗费最后都会转嫁到消费者身上。所以,相对而言,使用传统营销的品牌会在一定程度上增加顾客的货币成本。传统的广告营销擅长在短期内煽动消费者情绪,让消费者产生冲动消费;而内容营销则是一个长期的、慢慢积累信任的过程,更容易使品牌和消费者之间产生稳固的信任关系。例如,网红们经常推出以"爱用好物"为主题的分享,其粉丝也会前往购买他们分享的"好物",这种消费心理的主要内在原因就是信任。图 2-18 所示为某品牌发膜的产品标题中注明了"XXX 推荐",为消费者搭建起了信任的桥梁,促进了产品的销售。

课堂讨论: 思考在内容营销过程中,内容策划起到了怎样的作用?

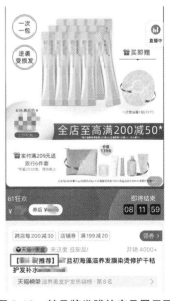

图 2-18 某品牌发膜的产品展示页

2.3.2 内容运营

开始一项内容运营,运营方要明确内容定位、用户需求、产品调性等因素,以此来确定内容的生产和流通机制。同时,还要不断监测运营数据的变化,在实践中迭代运营策略和手段。这便是做内容运营的框架和流程。

1. 内容运营的概念

内容运营是指运营者利用新媒体渠道,用文字、图片、视频等形式将企业信息友好地呈现在用户面前,并激发用户参与、分享、传播的完整运营过程。

内容运营中的内容有两层含义:第一,指的是内容形式,是指用户通过手机或计算机看到的网络文章、海报、视频或音频等数字内容;第二,指的是内容渠道,一般指公众号、微博、门户网站、新闻类应用等内容渠道。相应地,运营者要将内容布设在相应的渠道内,并与用户的浏览习惯相匹配。

2. 内容运营的步骤

良好的内容运营指的是通过精心设计的文字、图片、视频等内容打动用户,使用户自发地点赞、转发或者直接下单。设计新媒体内容分为五个步骤,即渠道用户画像、用户场景拆解、用户痛点挖掘、解决方案描述及内容细节打磨。

1)渠道用户画像

分析渠道用户,并进行用户画像,然后根据用户画像创作该渠道专属的新媒体内容。

2)用户场景拆解

研究用户画像以后,继续了解用户尚未使用企业产品时的主要场景,并按照步骤拆解场景,以流程图或者工作表的形式进行记录。

3)用户痛点挖掘

根据场景拆解,寻找用户痛点,即挖掘用户尚未被满足的需求或者对现有产品操作不方便、不喜欢的环节。

4)解决方案描述

针对用户痛点,运营者用企业产品进行匹配,看企业产品分别能够解决用户的哪个痛点,如何解决。

5)内容细节打磨

通过以上步骤,运营者可以提出符合用户痛点的解决方案,这是走心的新媒体内容的核心。最后需要围绕核心进行细节打磨,如设计海报、撰写软文、拍摄视频等。

3. 内容运营的优势

1)有助于提升产品知名度

产品本身不会说话,需要内容进行表达。用户在使用产品之前,只能通过内容来了解产品。因此,优质的内容、精准的推送、多平台的宣传可以让更多用户获得产品的信息,从而提升产品的知名度。

2）有助于提升营销质量

企业新媒体运营的最终目的是转化为消费者的购买意愿，让用户愿意付费。长期扎实的内容运营加上恰当的内容和活动，会带来更高的转化率。

3）有助于提升用户参与感

用户的参与感来自持续的互动。设计出具有话题性、创新性的新媒体内容，会吸引用户参与互动，提升用户的参与感。

2.4 本章小结

现在，人人都在谈"消费升级"，其实"消费升级"不只是产品功能的升级，也是用户生活方式和价值观的升级。因为人们总是期望找到符合自身价值观念的生活圈层。随着移动互联网以及社交工具、社交媒体的出现，消费者所期望的产品和服务琳琅满目，网络也使消费者更容易与自己有相同需求的人进行交流，于是用户社群就应势而生了。

新时代的营销需要非常重视企业和消费者的关系，这意味着营销不能再跟以往一样单纯地对消费者进行信息灌输，而是应该更关注消费者的内心世界，通过内容创新、传播方式创新，与消费者沟通，建立情感联系，使品牌成为消费者表达自我、展示自我的载体。

第3章 新媒体内容的形式与思维

新媒体时代，曾经非常清晰的传媒行业的边界变得模糊起来，多种力量都在进入传媒业，给传媒业带来了结构性的改变，直接造成了整个传媒产业版图的重构。

近年来，在新媒体内容产业领域，对版图重构影响最突出的是不同主体以不同路径构建的各类不同内容的平台。同时，传统媒体、垂直化新媒体、自媒体等内容生产的主力，也在用自己的方式努力捍卫着自己的领地与话语权。本章我们主要学习新媒体的内容形式、新媒体的基本思维以及与新媒体内容层面的思维相关的知识，进一步理解新媒体内容策划的相关内容。

3.1 新媒体内容的形式

在进行新媒体内容策划时，要根据不同的目的，选择不同形式的内容来呈现企业及其产品的特性。

3.1.1 图文内容

新媒体图文内容是最常见的内容形式，包括纯文字型、纯图片型和图文型等多种类型，这种内容形式常常出现在微信公众号、博客和其他媒体等诸多渠道中。为了更好地达到营销效果，企业通常会规划出系列文案，提高影响力，如故宫淘宝微信公众号针对旗下的文创产品发布的多篇系列推文。图3-1所示为故宫淘宝的微信公众号及推文截图。

1. 文字内容的优点与缺点

1）文字内容的优点

文字内容的生产比较简单，生产速度也比较快。一篇原创的稿件，新手大概一天就可以完成；而对于经验丰富的自媒体撰稿人来说，写一篇几千字的文章往往只需要 1～2 个小时。

2）文字内容的缺点

文字内容虽然生产容易，但是门槛却非常高。一般来说，一篇好的文案不仅需要清晰的表达和逻辑，还需要作者有足够的背景知识，能够引经据典，能够有精准的数据佐证等，这些都需要多年的积累。

图 3-1　故宫淘宝的微信公众号及推文截图

文字风格或严肃、或幽默、或文艺，需要很长时间的打磨，不同的内容也需要用不同的文风来表达。因此，企业的新媒体编辑往往需要具备文学、新闻传播的相关知识素养，最好是有媒体文字工作的经验。只有经过长期的文字方面的训练，才能做好媒体文字工作。

2. 图片内容的优点与缺点

1) 图片内容的优点

图片表达的内容更加清晰准确。通常用文字表述半天还不清楚的内容，用几张图片就可以搞定。例如当要在图文里说几件事的区别时，用文字表述就不如做一张对比图显得直观清晰。

图片和文字搭配使用往往更合适，一是配图能够让文章更具观赏性，成为文字的有效补充，与文章内容匹配度高的图片还可以让文章质量跃升，使文章变得更有生机和活力；二是图片可以调节文字阅读时带来的枯燥感和疲惫感，阅读时使眼睛得到适当的休息，并能加深对文章的理解和记忆。

2) 图片内容的缺点

静态图片的呈现形式是固定的，很难产生互动效果，虽然能比文字包含的信息多一些，但如果想要完整地讲述一件事，往往需要多张图片，从多个维度进行展示。

3. 动态图片

上面提到的图片均为静态图片，这里着重介绍一种被称为"GIF 图片"的新格式图片，就是通常所说的动态（GIF）图片。GIF 图片以 8 位颜色或 256 色存储单个光栅图像数据或多个光栅图像数据。GIF 图片支持透明度、压缩、交错和多图像图片（动画 GIF）。目前，这种图片在新媒体领域有着广泛的应用。

图 3-2 所示为某日料餐厅公众号的 GIF 插图。

图 3-2　某日料餐厅公众号的 GIF 插图

1）动态图片的优点

动态图片可以记录较为完整的信息，比静态图片的信息量大很多，另外其动态的效果可以快速博取眼球，吸引人们的注意。因此，很多作者乐于使用 GIF 图片作为文章的亮点，比如在不少专门做休闲娱乐类的账号上，一张搞笑的 GIF 图片就可以获得几十甚至上百万的阅读量。GIF 图片以其信息量和动态、趣味等特点，也可以独立成文。

2）动态图片的缺点

动态图片比较大，想要让 GIF 图片内容丰富，清晰度高，一张图往往就有好几MB，有些甚至超过 10MB。但微信限制一张图片的大小不可以超过 5MB，因此好多站外的 GIF 图片是没法直接导入微信的。就算是只有三四 MB 的图片，如果读者所在的网络不够好，用来画龙点睛的图片很可能半天显示不出来，文章的效果也会大打折扣。

3.1.2　音频内容

新媒体音频内容主要是指除完整的音乐歌曲或专辑外，那些通过网络流媒体播放、下载等方式收听的音频内容，目前主要指网络电台上的内容。

音频内容涵盖了新闻播报、有声小说、综艺娱乐、相声评书、情感生活、教育培训等类型。根据喜马拉雅研究院的统计数据显示，2015 年喜马拉雅 FM 收听热度排行榜前 10 名的内容分别是有声小说、儿童故事、音乐、综艺娱乐、相声评书、历史人文、情感生活、外语、广播剧、最新资讯。

声音传递信息的直观程度弱于视频和图文，但其有一个无法比拟的优势，即可以解放双眼，随着语音控制技术的迅速发展，这种优势会被迅速放大。同时，在视频及图文的长期轰炸下，用户出现视觉疲劳，转而投向音频内容的动机也会明显增强。作为内容策划工作者，可以利用音频内容的这个优势，成为自己制作内容的亮点。

图3-3所示为"为你读诗"微信公众号的界面以及推文内的音频内容。

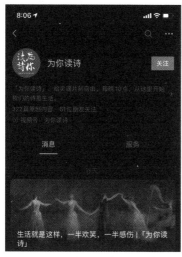

图3-3 "为你读诗"微信公众号的界面以及推文内的音频内容

案例 片仔癀、加多宝联合喜马拉雅上演音频内容跨界

基于对当下年轻人生理和心理"清火"需求的深刻洞察，两大国货品牌片仔癀、加多宝联合喜马拉雅进行跨界合作，开展了一连串的品牌营销活动。

其中，正是由于对消费者的消费需求和情感需求的精准把脉，片仔癀和加多宝联合喜马拉雅发起的"拯救上火计划"的音频问答挑战赛，完美地匹配了用户的清火需求，在生理和心理层面都直接击中了年轻受众的痛点。

在形式内容上，营销方以主播节目软植及短音频的形式，借助知名主播内容定制清火音频节目（如平台口碑榜第一的《段子来了》、情感类节目《默默道来》、经典阅读的《上官文露读书会》），为消费者带来了一波心理清火之旅。图3-4所示为片仔癀、加多宝联合喜马拉雅的跨界营销海报。

图3-4 片仔癀、加多宝联合喜马拉雅的跨界营销海报

3.1.3 视频内容

视频内容可以出现在电视、电影、视频平台、直播平台、自媒体等诸多渠道中，是近年来成长最快的内容类型，也被各大咨询公司预测为未来主流的内容形式。

视频行业的分类非常广泛，按照投放渠道终端差异分类，可以分为传统视频和网络视频；在网络视频中，按照后期合成和播出是否分开进行，可以分为直播和非直播；非直播视频中根据播放时长分类，可以分为短视频和长视频。

长视频主要集中在爱奇艺、腾讯视频、优酷视频、芒果 TV 等视频平台上，且内容多以影视剧、电影为主。就目前新媒体的内容生产而言，现在我们主要聚焦于短视频内容。

短视频即短片视频，是一种互联网内容传播方式，一般是在互联网新媒体上传播的时长在 5 分钟以内的视频。随着移动终端的普及和网络的提速，短平快的大流量传播内容逐渐获得各大平台、粉丝和资本的青睐。

1. 短视频的优点

短视频相较于图片、文字和音频，信息丰富了许多，3 分钟的短视频可以展示出 1500 字的文案甚至更多文字文案的内容，并很容易使用户产生代入感，且不会被其他信息打扰。由于每个视频都有自己的独特风格，所以很容易形成品牌或者个性化特征。

2. 短视频的缺点

3 分钟左右的短视频大小通常也超过了几十 MB，需要放到视频网站上才能播放，对观看条件的要求比较苛刻。图 3-5 所示为微信公众号的视频内容，前者为直接发布的视频，后者为图文推文中的插入视频。

图 3-5　微信公众号的视频内容

短视频最主要的问题还是视频拍摄，对剧本、拍摄、演技、后期、特效的要求都非常高,而且成本也相对较高,一般没有成熟专业的团队,没办法做到长期、稳定、高质量地进行生产内容。

3.1.4 游戏内容

游戏内容是指以互联网为传输媒介,以游戏运营商服务器和用户计算机为处理终端,以游戏客户端软件为信息交互窗口,旨在实现客户娱乐、休闲、交流和取得虚拟成就的具有相当可持续性的个体性体验。

值得注意的是,游戏营销是游戏吸引 16～34 岁男性的有效途径。游戏营销可以分为游戏内置广告和游戏内容营销。

目前,国内新媒体的游戏内容主要采用 H5 技术和 AR(增强现实)技术。

1. H5技术

H5 技术是一系列生成网页互动效果的技术集合,是移动端的 Web 页面。

H5 是非常容易引发传播的,不仅因为它非常适合在朋友圈、微信群传播,还因为其内部可以设置很多引发用户传播的机制。比如可以让用户生成一个专属头像、专属海报等,如果用户觉得好玩就可以随手晒一下。还可以玩互动游戏,用户如果对结果满意就可以转发。由此可见,H5 有太多的机制可以刺激用户进行转发,所以 H5 的传播性是非常棒的。

但目前,H5 游戏内容还是有很多缺点的,限制了内容创作者们的发挥。

(1)制作 H5 的周期比较长,一般需要一周甚至更长的时间才能完成,因为策划、设计、交互、开发等每个环节都需要精心准备。

(2)虽然现在有一些 H5 平台可以快速制作内容,但是他们大多都是模板化的制作,特点不够突出,也很难与自己的品牌完美结合。况且现在的用户都见多识广,普通的 H5 根本吸引不了他们的注意和转发,想要打造爆款,每个细节都要非常出彩才行。

(3)既然要求比较高,对应的成本也就比较高。普通的 H5 成本要几万元,顶级的甚至要几十万元,同时需要配合庞大的资源才能推广,对应的服务器成本很高,准备使用 H5 之前必须做好充足的预算。

案例 某国产手机品牌打造互动产品H5游戏助力品牌上新

某国产品牌手机自推出以来,就主打"闪亮"这一产品优势。"充电两分钟,通话两小时"这一广告语早已广为人熟知,新产品上市后也继承了这句标志性宣传口号来进行宣传。

同时,在这次新产品推出的过程中,品牌方还选用了 H5 游戏形式助推产品。产品借助人气偶像的力量,结合品牌自身的时尚属性,打造了一款轻互动的 H5 游戏。通过简单的积分游戏获取左右点击手机屏幕,吃到 VOOC 闪充进行加分,90% 以上即可抽奖,赢得新品手机。图 3-6 所示为某国产品牌手机的 H5 游戏界面。

图 3-6　某国产品牌手机的 H5 游戏界面

2. AR技术

AR 及其衍生出的 WebAR 技术，以其直观、出色且富有表现力的展示效果，被越来越多的品牌主所接受，更受到了新媒体内容制作方的青睐。

目前用于营销的 AR 游戏内容大致分为两类：一类是国外如 Facebook、Instagram 以及 snapchat 等大流量社交平台的 AR 广告特效与滤镜投放；另一类是国内如微信、QQ 等社交平台与 WebAR 相结合的创意 WebAR 互动广告投放。

国内越来越多的品牌开始在移动端利用 AR 等技术进行游戏内容营销。比如，支付宝推出了好几年的 AR 扫"福"字活动，使其"集齐五福拼手气抢红包"的跨年小游戏年年火爆，如图 3-7 所示。

图 3-7　使用手机进行 AR 扫"福"字

案例　奥利奥饼干利用AR技术打造游戏内容，重新定义经典扭舔泡新玩法

"奥利奥"是游戏内容营销的佼佼者，营销方围绕自己的核心产品——奥利奥饼

干，结合最新的技术，开发出了大量简单有趣的小游戏。比如采用光感技术的奥利奥音乐盒，可以实现"吃一口饼干换一首歌"的效果。

"奥利奥"将奥利奥饼干本身及奥利奥标志性的"扭、舔、泡"手势作为游戏的主角，重新定义经典的"扭、舔、泡"新玩法，将"扭一扭""泡一泡"的手势变成了解锁AR玩法的入口，实现了"玩法升级，体验升级"这一目标。

"奥利奥"升级玩法的亮点是手势识别。该说法结合模式识别技术，实现物体类别识别。"奥利奥"将AI和AR两大技术融合，让饼干与用户产生更强的交互，再次加深了用户对"扭、舔、泡"这一概念的认识，帮助奥利奥将营销布局到了最前沿的科技领域。图3-8所示为"奥利奥"利用AR技术的玩法海报。

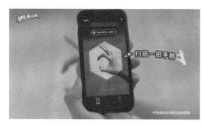

图 3-8　奥利奥利用 AR 技术的玩法海报

课堂讨论：你认为图文内容、音频内容、视频内容和游戏内容，哪种新媒体内容形式更具有潜力？为什么？

3.1.5　企业生产内容、用户生产内容、企业和用户联合生产内容形式

根据内容制作主体的不同，可以将内容分为企业生产内容（PGC）、用户生产内容（UGC）、企业和用户联合生产内容（PUGC）。前面提到的包括图文、音频、视频和游戏等所有的内容都包含PGC、UGC和PUGC形式。

PGC形式专业生产内容（爱好无薪酬）如通过互联网形式传播的电视节目、纸媒等专业内容（优酷的合伙人计划、罗辑思维等）；UGC形式用户生产内容如Facebook、YouTube、优酷等；PUGC形式专业生产内容是UGC形式和PGC形式结合的内容生产模式，如喜马拉雅FM等。

现阶段，UGC形式和PGC形式各有优劣。

1. UGC形式的优点与缺点

UGC形式的优点是不必担心内容的数量，每天都有用户为平台提供新的内容。

UGC形式的缺点是内容的质量很难把握，网站很容易被广告、垃圾信息占据。

2. PGC形式的优点和缺点

PGC形式的优点是由专业站长或专家提供内容，内容可控性强，可以经过多层筛选呈现在用户面前，内容更具权威性，或者更有用。

PGC 形式的缺点是"专家"的力量是有限的，也许一篇文章有很大的吸引力，但是产出的数量却是有限的。

总之，PGC 形式和 UGC 形式各有优缺点，最主要的是能否有效地结合起来。一般的网站发展的轨迹是先采用 PGC 形式，然后再慢慢引入 UGC 形式。只要能有用户肯提供内容，就说明读者也不会少，网站也就会慢慢步入正轨。

现阶段，UGC 形式主要应用在图文、视频等内容中，与 PGC 形式内容相比，UGC 形式内容具有更高的可信度，品牌想要利用 UGC 形式内容做营销，就需要自己搭建用户创作平台，吸引用户主动创作内容。

例如在"小红书"上，网络红人和品牌方进行合作的推广内容，文末都会标注"与某某品牌合作"，由企业和用户共同生产内容，进行内容推广的同时也告知用户"该内容具有广告性质"，如图 3-9 所示。

图 3-9　网络红人和品牌方进行合作的推广内容

课堂讨论：在未来，UGC、PGC 和 PUGC 三种内容创作形式，哪种会成为主流？为什么？

3.2　新媒体的基本思维

要想彻底掌握新媒体，首先不能将传统经典的营销理念完全抛弃，其次要了解新营销理念的演变路径，并掌握新媒体基本的思维模式。

3.2.1 产品思维

首先,你要了解你的新媒体是要用来做什么的,是要销售你的产品还是为了输出价值观。明确了这一点,可以使你更清楚目前所经营的新媒体的定位。

其次,你要清楚地知道,你正在运营的新媒体本身就是一个产品,它是用户认识你、了解你的窗口。

既然是产品,就要做竞品分析。新媒体时代最怕的就是闭门造车,所以在做事情之前,一定要看看别人是怎么做的,即使你已经有了很明确的想法,你也要看看竞争者在干什么。最直接的办法就是查看行业里与你的商业模式最相似的且做得好的公众号,分析这个公众号的发文内容,分析内容的聚焦点、栏目类型、排版风格、发送频率、发布时间等。

只有把自己的新媒体当作一个有价值的产品来打造,这个新媒体才能运营好。

3.2.2 用户思维

用户思维,顾名思义,就是"站在用户的角度来思考问题"的思维;或者更广泛地说,就是站在对方的角度换位思考。

在运营推广层面,仅仅是站在用户的角度思考问题还不够,还需要帮助用户判断。所以,用户思维便是:站在用户的角度思考,用用户的语言表述用户关注的点,以帮助用户思考和判断,从而让用户能够快速地获取自己所需的内容的过程。表3-1所示为传统思维与用户思维的思维过程对比。

表3-1 传统思维与用户思维的思维过程对比

思维方式	思维过程
传统思维	产品特点——用户看到,判断是否符合自身——决定是否购买
用户思维	贴合用户需求的产品描述——一秒判断是否购买

不管你想要做产品或者做服务,首先要问自己以下三个问题。

①你的目标用户是谁(市场定位);
②目标用户要什(品牌和产品规划);
③怎样满足目标用户的需求(体验打造)。

从市场定位来看,一定要找到并聚焦我们的目标用户。互联网是典型的长尾经济,必须要服务好互联网时代的长尾人群。市场要细分,越精细越好。提供精良服务,就能做到最好。

从品牌和产品规划来看,一定要找到用户需求。这种需求不仅仅是功能的需求,更重要的是情感诉求。要清楚地洞察用户到底想要什么,做到感同身受。互联网时代的网民,年轻群体较多,他们自我意识强,好恶感明显。他们渴望被认可,所以在品牌建设的过程中可以考虑让用户参与进来。

从产品体验来看，互联网是典型的体验经济，体验就是用户感受。所以企业在营销过程中要重视与用户沟通的每一个环节，在每个环节都要重视用户的感受，这些环节包括售前咨询、售后服务、产品包装、购买渠道、认知的媒介等，都是构成用户体验的一个部分。

> **案例** 某品牌空气净化机缺少用户思维，导致消费者使用体验较差
>
> 某品牌空气净化器在购买时会随机器附带四层滤网（实际工作时只需一层滤网，多出的三个是备用更换的），但是这四个滤网并没有分开包装，而是都提前装在机器中了。
>
> 许多用户拿到设备后，直接插上电源打开开关，认为空气净化器已经开始工作了。但用户并不知道，由于那四层滤网都在机器中，且滤网的塑料封套也没有拆除，机器根本没有起到净化空气的效果。
>
> 机器工作时也不会自检到这个问题，很多用户使用几个月后，需要更换滤网时才发现这一问题。
>
> 尽管设计者当初也做了一些工作，包括在电源插头上黏贴了一个黄色小标签，在说明书中也提及了此事，但这些提示的效果很差，消费者并没在意。
>
> 这就是品牌方在设计产品时的用户思维不足，导致用户体验出现问题的典型案例。

3.2.3 数据思维

对于现在的新媒体运营者来说，数据几乎无处不在。比如文字风格是否符合粉丝的口味？哪种类型的文章更受用户喜欢？用户喜欢在什么时间、什么场景下打开文章等。这些问题都需要数据来解决。

数据分析有事前分析和事后分析两种。事前分析是指在推送一篇文章之前，要根据以往的大数据分析这样的文章是否能被用户喜欢，能否吸引用户购买产品等。事后分析则需要根据推送后实际产生的数据进行归纳总结，为下一次推送文章做准备。

只有重视数据，善于用数据进行分析，才能创作出更受欢迎的新媒体产品。

新媒体数据思维涉及以下3个原则。

①需要全部数据样本而不是抽样；
②关注效率而不是精确度；
③关注相关性而不是因果关系。

以数据思维中的大数据为例，其包含三个纬度，分别是定量思维、相关思维和实验思维。

（1）定量思维，即提供更多描述性的信息，其原则是一切皆可测。不仅销售数据、价格这些客观标准可以形成大数据，甚至连顾客的情绪（如对色彩、空间的感知等）都可以测得，大数据包含了与消费行为有关的方方面面。

(2)相关思维,一切皆可连。消费者行为的不同数据都有内在联系,这可以用来预测消费者的行为偏好。

(3)实验思维,一切皆可试。大数据带来的信息可以帮助制定营销策略。这就是三个大数据运用递进的层次,首先是描述,然后是预测,最后产生攻略。

正是大数据的这些效力,让企业赢得了更多的市场。

案例 大数据思维与广告:咖啡与信用卡广告竟然更加般配

根据我们通常的认知,如果在一个和健身有关的网站,在网页中投放有关健身产品的广告,效果应该最好。这其实就是用到了相关性的特点,但是大部分时候,相关性并不是那么直接,不是一眼就能看出来。

浏览器 Google 曾经推出了根据网页内容插入广告的 AdSense 服务,投放一些与网页内容大相径庭的产品,用于与那些在网页中随机投放广告的产品竞争。根据大量数据的统计结果,可以发现这样一些广告和内容的搭配效果非常好,很多和我们的想象不大相同,比如:在电影租赁和收看视频的网站放上零食的广告;在女装网站放男装的广告;在咖啡评论和销售网站放信用卡和房贷的广告等。

如果没有大量的数据统计作为基础,这些搭配是很难想到的。当然,如果仔细分析,有些看似不太相关的搭配,还是能够找到合理的解释的。比如电影租赁和视频播放网站与零食广告的搭配,符合人们在观看视频时喜欢吃零食的习惯。

但是,有些搭配会让人完全摸不着头脑,比如把咖啡和信用卡或者房贷联系起来。不管是能够找到原因的,还是想不出原因的,只要依据大数据结果利用了这些相关性,广告的效果就好。

根据上述大数据结果,某银行推出了一项活动,在某咖啡店门店用该银行的银联信用卡购买任意一款手调饮品,可尊享免费杯型升级礼遇。活动内容如图 3-10 所示。

图 3-10 某银行银联信用卡与咖啡门店的活动海报

3.2.4 简约思维

在不影响效果的前提下我们给用户提供的东西越简单越好,越简单的东西越容易传播,但要做到既简单又高效是很困难的。我们应当专注且要有力,才能做到极致,这就是新媒体的简约思维。

简约思维的实践有两个原则。

1. 少即是多,简约即是美

我们在做产品设计时,一定要做减法。网页的简洁界面,产品的简洁外观,这些都能够给用户预留出更多的美的想象。例如"无印良品""宜家"等品牌都以简洁著称。对于新媒体产品来说,更应该追求简洁的设计风格,因为现实生活和虚拟网络中复杂的东西已经太多了,简约的设计反而能更好地吸引客户。

2. 专注

为了做成一件事,一定要在有限的时间内集中力量,专注地去寻求突破。

> **案例** 简约思维带来iPhone的简约之美
>
> 刚开始设计iPhone的时候,乔布斯给设计团队下达了一个任务:iPhone手机面板上只需要一个控制键。这个想法对于当时的手机设计师和工程师来说,可谓天方夜谭,闻所未闻。"如何用一个控制键完成所有的操作功能"成了大家的难题。他们一次次向乔布斯陈述,手机面板上必须有多个按键。
>
> 但乔布斯非常坚定这个想法,他反复向设计师强调:"iPhone面板上将只有一个按键,去搞定它。"
>
> 这种"一个按键"的设计代表着一种简约之美,它的背后,是乔布斯用户至上的产品理念。iPhone设计一个按键的目的是使用户和互动内容之间没有距离。这样的组织非常流畅、简洁,容易看明白,而且功能非常明确,一切都简化且精炼。
>
> 图3-11所示为iPhone的海报。

图 3-11 iPhone 的海报

3.2.5 极致思维

经常听到有人说,我们要打造极致,但是到底什么是极致就不知道了。当有了下面这种极致思维以后,就知道什么是极致了。

把产品服务和用户体验做到极致,就是要超越用户的预期(意外惊喜),与竞争对象保持优质差异,这种差异就是极致的一种表现。要清楚地认知自身的优势就是从这些差异中创造出来的,用户的黏性就是从这些差异中形成的。

表 3-2 所示为传统思维与新媒体极致思维的对比。

表 3-2 传统思维与新媒体极致思维的对比

实现目标	传统思维	新媒体思维
产品极致	关注眼前利益,共有问题不会重现	关注长远利益,做到极致
服务极致	不是自己的问题,没必要承担责任	不论什么原因都无法逃避责任

极致思维体现为三个层次。

1. 聚焦和简单

如果想把一个项目做到极致,首先必须要聚焦于一个点去做,不能这个也做,那个也做,那样就无法聚焦,做不到极致。

比如制作女性内容,只要把所有的内容都聚焦到一个点上去发力,可以是美妆,可以是服装,不要想得太复杂,一定要简单,聚焦和简单就是第一个层次。

2. 较高的性价比和特点

所谓的极致,并不一定要跟谁去比较。比如打造得非常好的一款手机,同类产品在市场上至少卖 3000 元一部,而这款手机只卖 1000 元一部或者跟老年机一个价格,那对于老年人来说,这款手机就是极致。

3. 较高的附加值

较高的附加值包括给用户的赠品和更好的优质体验及服务,这就是糅合进来的附加值。

3.2.6 流量思维

流量思维是指在价值链的各个环节中都要"以流量多少为主"去考虑问题。

流量这个说法是随着互联网的发展而流行起来的,之前传统的称谓是"客流"。"客流"主要是针对线下而言的。比如你的朋友开了一家小吃店,你会问他:"现在每天的客流怎么样?"实际上,你的真实目的是想知道你朋友这家店的生意怎么样。如果朋友回答:"还可以",你会判断朋友这家店生意挺好;如果朋友说:"每天没多少人",你会判断这家店的生意不怎么样。

在互联网,流量就是一个平台或者 App 的浏览量,可以按照日和年度计算。一般情况下,流量越高,网站的访问量越大,网站的价值就最高。

新媒体的流量思维有以下三个原则。

①通常流量和存量之间可以彼此交换；

②永远把注意力放在流量上；

③时间是最昂贵的流量。

掌握新媒体流量思维有以下几个要点。

（1）群体定位。先定位群体后制作内容，还是先制作内容后定位群体？一般选择前者，但也有例外。例如爱彼迎公司，它一开始也是先定位群体，但正式运作起来以后，流量定位就和开始截然不同了。

（2）产品锁定。很多新媒体的内容没有获得好的反响，甚至一些自媒体账号陷入困境，并不是因为内容不好，而是内容没有锁定准确的用户群体。了解你所需流量的特点，才能提供准确的内容产品。

（3）服务制胜。一般认为服务是产品售后做的事情，更准确的理解是：服务是产品的一部分，是产品的延伸。没有服务的产品只卖出了一半，另一半是服务，也是用户付了费后应该得到的。很多企业没有认识到这一点，因为服务的缺失，使流量越来越少。

3.2.7 社会化思维

用户也是媒介，人就是节点。

社会化思维是指企业利用社会化工具、社会化媒体、社会化网络，重塑企业和用户的关系，以及组织企业管理和运作模式的思维方式。在传统商业中，消费者以点的形式存在，与企业是垂直参与的关系；在社会化商业中，消费者以网络的形式存在，与企业是水平参与的关系。用户也是媒介，用户可以参与和创造内容，用户与企业之间是一种互动式的社会化关系。

新媒体社会化思维的实践有以下几个技巧。

1. 基于平等的双向沟通

对用户来说，"人人都是自媒体"。用户正在从被动变为主动，从单向接收信息变为与企业双向交流信息，希望与企业平等对话，进行参与式的互动交流。

2. 基于关系的链式传播

努力挖掘关系层的价值，要将关系层演化成具有独特价值的垂直应用。利用好社交关系，进行基于关系的链式传播。

3. 基于信任的口碑营销

熟人之间相互信任，容易形成良好的口碑。每个人都是高可信度的节点，都有通过增加信任来降低交易成本的潜意识需求。

4. 基于社群的品牌共建

社会化电商的核心竞争力在于人的聚合。未来商业将围绕目标群体的社区展开，要通过品牌社区将目标用户联系起来，成为品牌的拥护者和信息的传递者，使品牌传播从"知道、购买、忠实"变为"忠实用户、扩散知名度、更多用户"。

3.3 新媒体内容层面思维

既然新媒体也是媒体，那么众多的内容就会在不同的新媒体平台上进行传播。怎样才能让新媒体上的内容更吸引人呢？这就需要运用相应的内容层面的思维策略。

3.3.1 制造悬念思维

悬念制造原来是小说、戏剧中常用的手法，在撰写新媒体内容时也可以加以利用。悬念可以让受众产生好奇心理，激发受众的想象力，引起受众的议论与猜测，这实际上就是引起受众的关注，对于扩大品牌或产品的影响力颇为有利。

新媒体上内容众多，要想获得用户的关注，就要充分利用受众的好奇心。从心理学的角度看，好奇心是个体遇到新奇事物或处在新的外界条件下所产生的注意、操作、提问的心理倾向。所谓的"悬念制造思维"，就是要在使用新媒体的过程中激起用户的好奇心。

培养制造悬念思维有以下几个方法。

1. 充分制造悬念，勾起受众的好奇心

悬念，即在内容中设置疑问或矛盾冲突，做出悬而未决和结局难料的安排，留给受众充分的想象空间，最大限度地勾起大家的好奇心和求知欲。

例如：

"问题的答案在哪里？"

"矛盾如何解开？"

"欲知后事，敬请关注 X 天之后的活动 / 发布……"

这样一步步吊足受众的胃口，引导他们参与其中。

在日复一日的平淡生活中，受众急切需要燃烧脑细胞和情感的创意！创意越迷离，受众越沉醉。

"锤子手机"的新品发布会的"倒计时"，可谓制造疑问式悬念的典型代表。这种延续了好几年的创意模式，已然成了受众乃至互联网热议的话题。

2. 设置疑问，激发积极思考

不加任何引导性的描述，直接一句反问或者直接分析现象 / 状况，再由描述的情景引出相关疑问。

切记要带上"？"这个符号，以表达强烈的疑问效果；如有问题，都应该明示或暗示受众"可以去现场寻找答案"。

3. 空间大片留白，调动想象

在需要制造悬念的内容中，故意留下相应的空白，区域内不添加任何内容提示。它让内容变得耐人寻味，看似毫无信息点实则是随你解读，给受众留足想象空间。

受众会立刻开启"福尔摩斯"模式，发散思考、参与讨论，达到互动预热的目的。最后，想揭开谜底，发布会上相见！

4. 抹掉某些信息，造成局部残缺

将内容里面的部分信息故意遮盖住或者涂抹掉，使受众无法直接获取到完整的内容。

为了顺利看下去，弄清到底说了些什么，边猜测边查找，大大激发了受众的好奇心和探知欲。制造信息残缺最大的作用在于激发受众互动参与的意愿，同时也会加深对信息的理解和记忆。

当文案原创时，遮掉中间几个无关紧要的字眼。

当引用名人警句、书本摘要、诗词歌赋等大众化内容时，遮住一段文案中的整句话。

注意，要把握好度，不该遮挡的地方不要随便遮住，否则会起到相反的效果。

5. 透露提示信息，引导猜测

即把品牌、产品、活动等相关的点嵌入内容里面，作为提示性的内容描述给受众，进而引导他们去猜测。

注意，尽可能地寻找受众感兴趣、关注的点去提示；如果能够利用名人、明星效应，效果将大增。

> **案例** 悬念海报——某饮料品牌发布新的品牌形象代言

某饮料品牌发布新的品牌形象代言人时，就采用了制造悬念的思维方式。该饮料品牌采用倒计时的方式，分别在倒计时三天、倒计时两天和倒计时一天的时候在微博发布消息，提供了代言人的部分特点信息，引发网友猜测。

海报文案如下。

倒计时三天，提示信息：白羊、新朋友（微博文案还提示了四月出生、爱吃火锅）；

倒计时两天，提示信息：演员（微博文案还提示了演技派、春晚唱过歌、直播崩过服务器）；

倒计时一天，提示信息：生肖加到名字里。

该饮料品牌设置的悬念并不困难，提示内容的指向性非常明显，许多粉丝在倒数第三天就已经猜到了代言人。但是在流量明星的加持下，该品牌的微博依然吸引了大量留言互动，宣传效果非常好。

图3-12所示为某饮料品牌的倒计时悬念海报。

图 3-12　某饮料品牌的倒计时悬念海报

3.3.2　病毒传播思维

病毒式传播是一种与人际传播、口碑传播一脉相承，巧借传播平台，发掘受众潜力的高效率传播战术。

病毒式营销是基于用户实质诉求的一种传播方式，无论是物质层面还是精神层面上的东西，在成功的病毒式营销中，总能激起人们愿意将其分享给他人的欲望。通过提供有价值的产品或服务，促使大家互相转告，让别人为你宣传，以快速复制的方式将信息传向数以万计的受众。病毒式营销并非一种营销工具，而是一种营销方法，其重在创意、传播与执行上。

病毒式传播的内容通常有 8 种形式。

1. 篇幅：长文更易被分享

研究发现，长篇文章被分享的次数更多。实际上，文章篇幅的长短与分享率的相关度，比其他因素都要高。长篇帖子比同等推荐条件的短篇幅帖子更能获得比较高的转发率。

2. 情绪：愤怒的坏情绪最易被传播

一项"关于哪种情绪的文章最流行"的研究表明，引发悲伤等低能量情绪的文章很少被分享，而激发敬畏、愤怒、焦虑等高能量情绪的文章则能够获得更多的分享。

愤怒是最易被病毒式传播的情绪。想要令读者产生愤怒，不能用贬低或是辱骂的方式，只需要写一些让人感到愤怒的内容就可以了。愤怒通常是针对某个话题，而不是针对作者或者出版商。争议性的帖子收到的评论量平均是无争议帖子的两倍。

敬畏则是一种更安全的情绪，尤其是对于想要避免激起愤怒的品牌来说。敬畏大于惊喜，这是人们无法停止观看大爆炸和富有传奇色彩的英雄人物电影的原因。

3. 情感：暴露软肋帮助卸除防备

充满情感的帖子更易被病毒式传播，人们都希望在阅读时能获得情感体验。某作家曾说过，优秀的个人散文和回忆录应该从作者最羞愧的内容开始，这部分内容是冲突和情感的所在。如果能分享这部分内容，也能证明读者是真实有情感、实实在在的人。

很多人在写品牌内容时可能并不愿意以羞耻开头，但是分享一些真实的感情确实能够让人解除戒备心理。

4. 价值：实用类信息永远不乏粉丝

令人吃惊、富有吸引力、实用性的内容会比平淡无奇、缺少价值的内容获得更多的分享。

实用性的内容是被分享最多的，因为互联网阅读最主要的动机是想要解答某些问题。比如我如何才能成为这样？我应该怎样进行个人理财？这些问题的优质答案是富有价值的可利用的信息，自然是极受欢迎的。

5. 名人效应：名气与信任值成正比

被熟知的新媒体内容创作者对于内容能否被分享有着巨大的影响，作者名气的影响力是惊人的。

如果读者知道某个内容的作者是谁，并了解他们的可信度，便可以选择是否信任他们。如果不了解这个作者，读者就不得不根据内容自己做出决定，这是非常困难的事情。

名气是循环累积的，原本的名气能带来更大的名气，特别是在互联网上。

6. 推荐：首页文章更容易抓住读者的注意力

经常刊登在首页上的帖子更有可能被广泛传播。人们每天都被海量的信息包围着，只有把内容放在最显眼的地方，才能确保读者会看到。在注意力稀缺的年代，隐藏在角落里的内容很难被注意到。

7. 幽默：笑点、槽点是病毒传播的基石

被广泛地病毒式传播的内容大多是幽默的。幽默虽然并不能解决所有的问题，但它是病毒式广告必不可少的先决条件。

8. 自省：新媒体内容创作者需要经常思考问题

如果希望内容能被病毒式传播，那么在发布之前，每一位内容生产者都应该认真回答以下这些问题。

文章是否成功并详细地介绍了主题？篇幅足够长吗？

这些内容能激发诸如愤怒、敬畏、焦虑等高能量情绪吗？

文章语气传达了情感吗？

这篇内容特别实用吗？有趣吗？令人感到意外和惊喜吗？作者有名气或是信誉吗？等等。

3.3.3 粉丝经济思维

粉丝是个人品牌的推手，没有粉丝的个人品牌一定会消亡。工业经济时代，得渠道者得天下；移动互联网时代，得粉丝者得天下。

在移动互联网时代，游戏规则是C2B模式。这里的"C"是领头羊，是蜂王，而"B"则是聚集在某个圈子里的群众。无论领头羊或蜂王往哪走，其他的羊或蜂都会跟上，这就是粉丝经济。这种经济模式也相应催生了个人快速崛起的新媒体内容思维——粉丝思维。

粉丝思维就是领头羊思维。粉丝就是生产力，粉丝就是财富。如果拥有粉丝，就拥有了个人品牌的忠诚信徒，拥有了个人品牌的传播者和捍卫者。同时，粉丝是认同你的价值观、你的品牌、你的产品甚至捍卫你个人品牌声誉和影响力的一群人。

新媒体粉丝经济思维对内容层面有以下几点启发。

1. 放低姿态策略

与粉丝交流要以"草根"身份进行交流，放低身段是相当必要的，因为这样才能让粉丝觉得你与他同在。

在新媒体时代，傲慢的态度只会让你与粉丝拉远距离，并让人觉得你高高在上、无法接近。

2. 共生共存策略

要充分、深刻理解"正因为粉丝的存在，才有你的存在"这句话。没有粉丝，你可能一无是处。所以，你和粉丝之间是共生共存的关系。

当你把内容做好时，粉丝不仅会增多，而且忠实粉丝的比例也会扩大。当你的粉丝不断扩大、忠实粉丝越来越多时，你也会发展得越来越好。这才是良性循环及可持续发展模式之一。

3. 圈子经济策略

你的众多粉丝和你形成最大的圈子，不同的粉丝还可以建立或划归出不同的小圈子，每个圈子可能都有类似的背景或文化，它们就接近"分众"了；同时，各类活动就会针对不同的圈子相对精准地推送最合适的内容，从而达到最佳的营销效果，进而推动你的圈子经济的发展。这也是社群发展的重要基础。

4. 亲粉互动策略

与粉丝拉近距离的一个重要策略就是更积极地互动交流。前面也曾经提及类似的策略，哪怕你只与部分粉丝互动，其他粉丝也可以看得到；知道你尽力了，你是愿意和粉丝们拉近距离的，你是有亲和力的。

3.3.4 借助热点思维

热点事件也就是新闻，它往往能够引发巨大的社会反响。在大数据时代，越来越多的企业意识到新闻热点蕴藏的巨大能量，纷纷投入精力、物力、人力、到新闻营销上。新闻营销方式的作用不容置疑，但是做新闻营销需要具备一定的技巧，否则难以获得应有的回报。

1. 借助热点思维创作方法

借助热点事件，引爆内容流量的方法，简单地说只需要四步。第一步，寻找热点事件；第二步，在众多热点事件中选择适合自己的事件；第三步，发挥技巧，使热点事件与自己所推广的内容相吻合；第四步，引爆流量，后端转化。

图 3-13 所示为借助热点事件创作内容的流程图。

图 3-13　借助热点事件创作内容的流程图

1）寻找热点事件

寻找热点事件时，要站在用户的角度去思考，他们喜欢什么类型的话题，关心什么话题，更愿意关注哪方面的内容。

这些话题可以通过以下渠道获得。

①新闻客户端、各门户网站头条；

②百度搜索风云榜、实时热点，以及热门推荐；

③今日头条、豆瓣、知乎、猫扑、天涯头条等；

④微博热门话题。

2）热点事件需要满足的条件有哪些

（1）热点事件的热度一定要够，要学会快、准、狠地抓取三天之内的事件，如果超过三天、一周，你再推出来就没有多大意义了。当然，对于一些短热点事件，比如上午出来，下午就没了，甚至更短，这类事件不建议进行推广。

（2）热点事件要与行业相符，如借助热点事件引来的流量只是泛流量，再多也没用。

（3）在标题、文章中合理插入品牌植入、链接、公司介绍等，让有定向的用户更方便了解企业，从而增加企业的曝光率。值得注意的是，标题千万不可原封不动地复制，标题要适当地改动。内容也如此，要修改得有吸引力，以便提高用户的点击率。切不可语句不通顺，或者硬插入广告。

2. 借助热点思维创作技巧

借助热点对新媒体内容进行创作有以下几个技巧。

1）明确目标，变亮点为焦点

内容的浏览量有多高，点赞数、评论数与转载数有多少，并不是品牌主真正关心的问题，重要的是内容推广背后想要达到的目标是否已经实现。当前品牌主的推广目标大致可以分为"提高品牌曝光度，打造品牌知名度与美誉度；吸引受众关注并产生互动；达到引流并提升销量转化的效果"三种。只有立足于不同的品牌推广目标，才能制定出科学的内容营销策略。

2）顺势而行，变焦点为卖点

想在内容中嵌入产品信息，润物细无声地打动消费者，就要以比一般广告更含蓄、深入、有趣的方式，提高受众对产品的接受度和信任度，最终达到产品口碑变现的营销效果。

可结合人们关注、争论的焦点，将具有吸引力的活动或事件进行精心策划，使其成为大众关心的话题。同时，可配合完美的公关和宣传技巧，调动媒体的积极性，使宣传和事件同步发展，并且在关键时刻可进行与消费者心理层面的深度沟通。这样，大众的情绪也会随着事件的发展而变化，最终影响消费者的心理，使大众关注到我们的内容。

3）可持续性操作，变卖点为记忆点

内容一经发布，随搜随有，不随时间消失。永不删除的属性，让内容的影响力更为长久。那么，如何将事件的热点变为消费者的记忆点就显得尤为关键。

课堂讨论：除了上述四种新媒体内容层面思维，你认为在新媒体内容创作时，还有哪些思维模式可以借鉴？

3.4　本章小结

在信息化的今天，内容逐渐成了企业或产品都要注重的重点，单纯的创造内容早已落寞，如何选择合适的内容形式、制作受欢迎的内容才是关键。

新媒体时代的来临，内容形式与内容创作思维呈现出了与传统媒体完全不同的特点，本章我们通过学习新媒体的内容形式、新媒体的基本思维以及新媒体内容层面的思维，对新媒体内容策划的相关知识进行了更深层次的了解，为后面的学习乃至工作实践打下基础。

第4章 新媒体内容制作的流程和方法

新媒体主要有图文和视频两种表现形式,对我们而言,图文相对更熟悉一些。虽然我们从小就开始写作文,对文章再熟悉不过了,但当我们看一篇微信公众号中的推文时,文章中趣味横生的题目、精美的排版、会动的图片,总会让我们不禁感叹。

在视频方面,抖音短视频的火爆将短视频行业推到了风口浪尖,市场上更是出现了大量短视频社交软件——微视、秒拍等纷纷登场。同时,这些短视频平台也捧红了大量的网红以及自媒体创作者。早期进入短视频行业的创作者,靠着短视频的红利赚得盆满钵满,吸引了大量自媒体人不断投身短视频创作中。视频制作比推文制作更加复杂,其中妙趣横生的文案、变幻莫测的镜头、恰到好处的剪辑拼接,都会让我们再次感叹。

时下最具潜力的新媒体内容选手还有直播。

作为新媒体人,尤其是内容策划者,制作图文内容、视频内容乃至直播内容是我们必须要掌握的技能。

这些内容制作看上去似乎很难,让人不知从何下手,但实际上,不论是图文内容还是视频内容,或者是直播内容,都有其制作的标准流程与方法技巧。

本章我们主要从需求分析阶段、确定目标用户阶段、策划选题阶段、内容设计阶段、制作编辑阶段和内容产品发布阶段入手,对新媒体内容制作的流程和方法进行学习。

4.1 需求分析阶段

我们讨论的新媒体内容产品主要是指数字内容产品。这种内容结合了互联网和软件技术的内容表现形式,制作技术与传统内容的制作方式不同。例如传统的报纸书刊的制作方式是印刷装订,而电子杂志的制作方式则是利用软件进行内容制作。

从本质上来说,新媒体内容产品还是一款互联网产品,制作该产品的第一个步骤是需求分析,包含市场需求调查、用户需求研究和需求分析整理三个部分。

就需求研究而言,在需求调查前需要注意三个问题。

1. 需求描述的问题

一般来说，最容易造成产品与设计功能不符的原因便是需求描述的问题了。大部分情况下，写需求文档的人没有错，看文档的人也没有错。只是因为共享文档不等于达成共识，面对同一段描述，不同的人理解也不相同，这种情况是一定会发生的。所以一定要面对面讨论，保证每个人对需求的理解都是一致的。

2. 需求变化的问题

需求变化的原因有很多，如一开始没有识别完全而新增加了需求、业务的变化导致需求的变化、需求有误、需求不清晰等。需求变化将导致从设计方案到编码测试的修改，以至延迟交付，带来诸多麻烦。这就需要团队在迭代进行前，尽量保证需求清晰明确。

3. 需求的优先级及排期问题

什么样的功能对用户产生的价值最大，这是需求管理中最重要的问题。因为在软件开发中，你想要开发的功能，永远比你能投入的资源多。因此，找到这一部分最有价值的功能，优先处理，尽早交付，才是需求管理的核心所在。

4.1.1 市场需求调查

市场需求调查主要包括消费者需求调查、消费者收入调查、消费者结构调查、消费者行为调查。包括消费者为什么购买、购买什么、购买数量、购买频率、购买时间、购买方式、购买习惯、购买偏好和购买后的评价等。在策划设计阶段，主要是通过购买目的、使用方式等来确定产品的内容主题以及表现形式。常见的调查方法有以下几种。

1. 观察法

观察法也叫田野调查方法，是最基本也是最早被使用的市场调研方法。观察法是指研究者根据一定的研究目的、研究提纲或观察表，用自己的感官和辅助工具去直接观察被研究对象，从而获得资料的一种方法。例如市场调查人员到报亭观察杂志的种类以及消费者咨询和购买的情况。科学的观察具有目的性和计划性、系统性和可重复性。

新媒体内容产品是以网络为基础的，用户需要在网络上进行观看。调查人员可以在相关的新媒体平台上获取信息，例如直接查看阅读量、转发量、评论数等；也可以通过新媒体平台的后台管理系统获得更为精准的统计数据，包括平均点击次数、平均浏览时长和浏览时间等。

图4-1所示为某篇微信推文数据以及某篇微博数据，观察人员可以通过对点赞、转发、阅读的数据进行分析，提出有针对性的内容优化意见。

2. 实验法

实验法就是先进行一种营销方法的小规模实验，然后分析这种营销方法是否值得大规模推广的一种方法。其特点是从影响营销的诸多因素中选取一两个因素，观察分析它们与营销活动的差异。例如在调查商品价格对销售量的影响程度时，可以在试销阶段采用逐步变动价格的办法来判断价格变动对销售量的影响。

图 4-1　某篇微信推文数据以及某篇微博数据

如果一个微信公众号中发布的多篇推文无法通过直接的观察获得用户的青睐，那么可以在一个时段内，以相同的频率发送不同主题的推文内容，包括时政热点、网络段子、娱乐新闻等，同时对用户进行集中观察，以获得用户行为差异的数据。

图 4-2 所示为某上传者推出的三个系列视频内容，可以看到其播放量和评论数都是有差异的。

代表作

图 4-2　某上传者推出的三个系列视频内容

3. 访谈法

访谈法又称晤谈法，是指通过采访人和受访人面对面地交谈来了解受访人的心理和行为的心理学基本研究方法。

因研究问题的性质、目的或对象的不同，访谈法具有不同的形式。根据访谈进程的标准化程度，可将它分为结构型访谈和非结构型访谈。前者的特点是按定向的标准程序进行，通常采用问卷或调查表形式；后者指没有定向标准化程序的自由交谈。

在新媒体内容制作上，现阶段的访谈法有了许多延伸，例如内容运营方可以通过留言互动的方式搜集粉丝的意见，既达到了访谈效果，同时又减少了成本开支、降低了操作难度。

图 4-3 所示为某美术教育上传者发布的教学视频以及评论区互动。上传者就视频内容告知观众们，不会画的可以在评论区留言，于是上传者和用户在评论区进行了内容解答与沟通，这也属于访谈法的一种变形。

图 4-3　某美术教育上传者发布的教学视频以及评论区互动

访谈法运用面广，能够简单而迅速地收集多方面的工作分析资料，深受人们的青睐。

1）访谈法的优点

①可以对工作者的工作态度与工作动机等较深层次的内容有比较详细的了解；

②运用面广，能够简单而迅速地收集多方面的工作分析资料；

③由任职者亲口讲出工作内容，具体而准确；

④使工作分析人员了解到短期内直接观察法不容易发现的情况，有助于发现问题；

⑤能为任职者解释工作分析的必要性及功能；

⑥有助于与员工的沟通，缓解工作压力。

2）访谈法的局限性

（1）成本较高。访谈法常采用面对面的个别访问方式进行。面对面的交流必须寻找被访者，路上往返的时间往往超过访谈时间，调查中还会发生数访不遇或拒访的现象，因此耗费的时间和精力较多。另外，较大规模的访谈常常需要训练一批访谈人员，这就使费用支出大大增加。与问卷法相比，访谈法要付出更多的时间、人力和物力。由于访谈法费用大、耗时多，故难以大规模进行，所以一般访谈调查样本较少。

（2）缺乏隐秘性。由于访谈法要求被访者当面回答，这会使被访者感觉到缺乏隐秘性而产生顾虑，尤其对一些敏感的问题，往往会使被访者回避或不做真实的回答。

（3）受访谈员影响大。由于访谈法是研究者单独的调查方式，不同的访谈人员的个人特性，可能引起被访者的心理反应，从而影响回答的内容；而且访谈双方往往是陌生人，也容易使被访者产生不信任感，以致影响访谈结果；另外，访谈人员的价值观、态度、谈话的水平都会影响被访者，造成访谈结果的偏差。

（4）记录困难。访谈法是访谈双方进行的语言交流，如果被访者不同意现场录音，对访谈人员的笔录速度的要求就很高，而一般没有进行专门速记训练的访谈人员，往往无法很完整地将谈话内容记录下来，追记和补记会遗漏很多信息。

（5）处理结果难。访谈法有灵活的一面，但同时也增加了这种调查过程的随意性。不同的被访者回答是多种多样的，没有统一的答案。这样，对访谈结果的处理和分析也就比较复杂，由于标准化程度低，就难以做定量分析。

4. 问卷法

问卷是研究者按照一定的目的编制的。对于被调查问题的回答，研究者可以不提供任何答案，也可以提供备选答案，还可以对答案的选择规定某种要求。研究者根据被调查者对问题的回答进行统计分析，就可以做出某种心理学的结论。问卷法已广泛应用于青年研究、教育心理学研究和社会调查等领域。

依据问卷发放形式的不同，问卷调查法可以分为采用实地调查的方式，即实地发放问卷，也可以采用网络调查的方式，即发送网络调查问卷。

图4-4所示为某图书编辑公众号发布的调查问卷，旨在调研用户对该账号新媒体内容的需求，即粉丝想看到什么样的公众号。

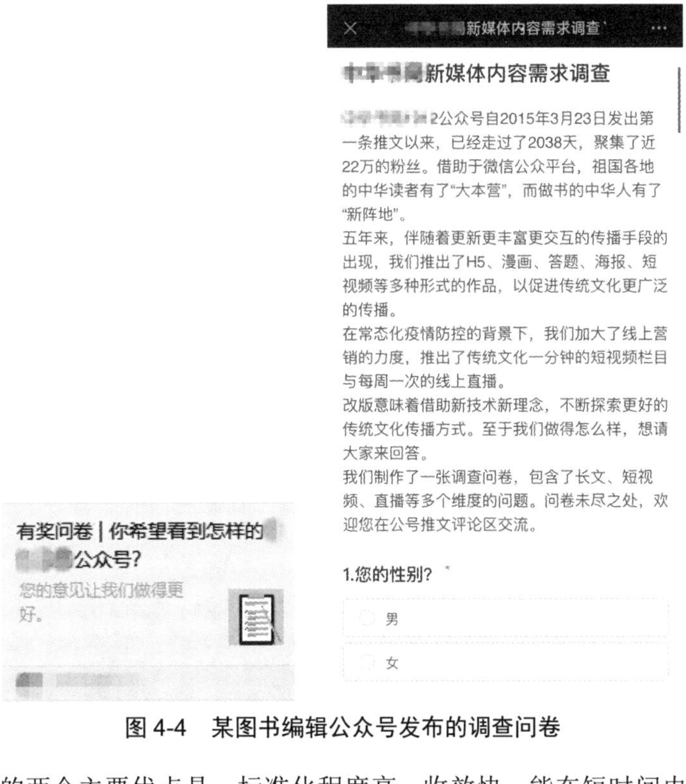

图4-4　某图书编辑公众号发布的调查问卷

问卷法的两个主要优点是：标准化程度高、收效快；能在短时间内调查很多研究对象，取得大量的资料；能对资料进行数量化处理，经济省时。

问卷法的主要缺点是：被调查者由于各种原因（如自我防卫、理解和记忆错误等）可能对问题做出虚假或错误的回答，在许多场合对于这种回答要想加以确认又几乎不可能；因此，要做好问卷设计并对取得的结果做出合理的解释，必须具备丰富的心理学知识和敏锐的洞察力。

📌 **课堂讨论**：你认为观察法、实验法和访谈法之间有什么异同？

4.1.2 用户需求研究

真正的用户研究应该建立在以用户为中心的逻辑上，我们针对用户的每一个需求的所做所为，都能形成一个闭环，回到内容需求上。

当面对用户需求时，我们需要多问几个为什么，包含的问题如下。

①背景：用户的基本信息，提出需求者的情况；
②场景：用户是在什么场合下点击的该内容；
③目标：用户最期望达到的效果是什么；
④要点：该需求的核心是什么；
⑤习惯：与用户现有的习惯是否一致；
⑥行为：如果要做，如何与内容产品进行交互；
⑦价值：该需求是否是最受欢迎的需求。

进行用户需求研究可以解决的问题包括：①针对不同的用户开发出满足他们需求的内容产品；②利用的内容产品，适合在哪些受众群体当中进行推广；③明确现有内容产品的优化方向。

上一小节中介绍的市场研究方法都可以用到针对特定目标消费者的用户研究中。另外，用户需求研究还可以使用以下方法来进行。

1. 用户画像

用户画像是一种描述目标用户，了解用户诉求，并付诸设计实践的有效工具，它以最浅显和最贴近生活的话语将用户的属性、行为与产品的属性联结起来。

用户画像最初是在电商领域得到应用的，如今也广泛应用在内容产品之中。在大数据时代背景下，用户信息充斥在网络中，将用户的每个具体信息抽象成标签，利用这些标签将用户形象具体化，从而为用户提供有针对性的服务。

图 4-5 所示为用户画像概念图。

图 4-5　用户画像概念图

用户画像包含八个要素，即"PERSONAL"。

① P 代表基本性（Primary）：指该用户角色是否基于对真实用户的情景访谈；

② E 代表同理性（Empathy）：指用户角色中包含姓名、照片和产品相关的描述，该用户角色是否引起同理心；

③ R 代表真实性（Realistic）：指对那些每天与顾客打交道的人来说，用户角色是否看起来像真实人物；

④ S 代表独特性（Singular）：每个用户是否是独特的，彼此之间很少有相似性；

⑤ O 代表目标性（Objectives）：该用户角色是否包含与产品相关的高层次目标，是否包含关键词来描述该目标；

⑥ N 代表数量性（Number）：用户角色的数量是否足够少，以便设计团队能记住每个用户角色的姓名，以及其中的一个主要用户角色；

⑦ A 代表应用性（Applicable）：设计团队是否能将用户角色作为一种实用工具进行设计决策；

⑧ L 代表长久性（Long）：用户标签的长久性。

2. 用户故事法

确定了目标用户后，让目标用户采用讲故事的方式将他们的典型使用场景进行细化，从而获得在特定场景下满足用户需求的功能，用于进行内容产品设计的参考依据。

用户故事在内容产品开发过程中被作为描述需求的一种表达形式。为了规范用户故事的表达，便于沟通，用户故事通常的表达格式为：作为一个"用户角色"，我想要"完成活动"，以便于"实现价值"。

一个完整的用户故事包含三个要素。

①角色：谁要使用这个；

②活动：要完成什么活动；

③价值：为什么要这么做，这么做能带来什么价值。

3. 行为实验法

由内容制作方创造一个半人工的环境测试使用者。这个半人工的环境能够控制一些研究人员想要对照的影响因子。如不同设计界面的阅读物中相同内容的再认率和回忆率等。

4. 参与性设计

在内容产品设计中，让用户主动参与到产品的设计和决策过程中，让用户表达对产品的期望以及对细节设计的意见，并对随后生产出的各种设计原型进行讨论，结论供产品设计和开发人员参考。

例如在某美妆博主的抖音短视频账号下面，粉丝们对各种问题留言，希望博主在后面的内容分享中能够解答。如图4-6所示就是用户参与博主的视频内容策划。

图 4-6　用户参与博主的视频内容策划

5. 可用性测试

这是一种被广泛用于互联网产品设计优化的行为实验法。由研究人员设定产品后，邀请被测试者使用产品，完成任务目标。

课堂讨论：你认为观察法、实验法和访谈法可以如何应用在用户需求研究之中？

4.1.3　需求分析整理

在进行需求收集后，不能完全认为用户所表达的都是对的，对于收集到的用户需求要进行分析和求证，在去除伪需求的基础上，进行需求的重要性评估。评估之后将需求进行优先级排列，参考产品整体的约束和开发的技术能力，将最符合现实情况、最可执行、最有效果、最低风险的需求进行组合排序，结合商业战略思维形成产品最初的设想。

用户的需求多种多样，应对收集的需求进行整理和分类，纳入需求管理工具中。这个工具可以是一个 Excel 文件，也可以是一个需求管理工具。在后续的产品实施过程中，如果有冲突或者不确定的地方，这份需求管理工具中的需求就是最终方案实施的依据。

当前对管理工具存在的主要问题而言，一个好的需求管理工具除了能满足基础的需求管理、具备自定义能力（满足不同团队的个性化需求）、拥有丰富的场景模板（满足日常工作的便捷化需求）之外，还应该具备需求全生命周期的管理能力。

常用的需求管理工具包括国内的 PingCode、ONES、禅道，国外的 Jira、Visual Studio Online、GitLab 等。图 4-7 所示为需求管理工具 PingCode。

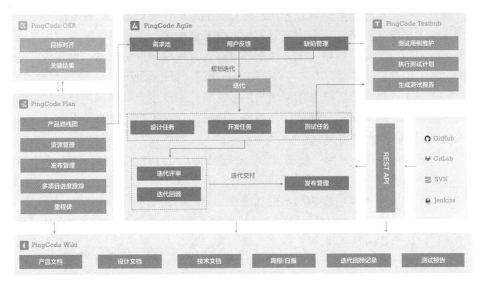

图 4-7　需求管理工具 PingCode

4.2　确定目标用户阶段

明确的目标用户可以让内容创作、资源投入更有效。在目标用户明确的情况下，内容创作团队可以快速判断哪些内容可以创作、哪些内容不需要跟进，推广团队可以在资源投放过程中进行更准确的媒介选择和精准投放。

在网络营销中确定自己的目标用户时，一定分析好有效、潜在、待挖掘的用户，并与同行业的产品做好比较，把产品特点曝光放大，让更多潜在、待挖掘的用户了解产品，重点是维护好有效用户。在有效用户不流失的情况下，挖掘更多的潜在用户。做好网络营销必须先把用户锁定好，这样做才能事半功倍。

做网络营销工作，必须要弄清营销给谁，营销的对象是谁？网络营销是利用网络开拓的新销路，但并不是百分之百的销售，企业切记不要把销售与营销混淆，而网络营销的目标人群如何确定，在哪里可以找到目标人群，如何去推广产品，这些都要在营销策划中提前考虑好。只有确定好目标人群之后才好拟定系列的营销方案，才能按计划去推广。有了产品、用户、渠道、方案，这样才能有效地实施网络营销。而如何才能确定产品的目标人群呢？下面详细介绍。

4.2.1　属性分析法

用户属性是用户状态与标签的记录，由指定的事件赋值／更新，属性的最新值会伴随着之后的所有事件发送至统计平台。用户属性的定义来源不同，由统计平台定义的属性被称为固定属性，由企业定义的用户属性被称为自定义属性。

属性分析是根据用户的属性对用户进行分类与统计分析,比如查看用户数量在注册时间上的变化趋势、查看用户按省份的分布情况等。用户属性涉及的用户信息有姓名、年龄、家庭、婚姻状况、性别、最高教育程度等自然信息,也有与产品相关的属性如用户常驻省市、用户等级、用户首次访问渠道来源等。

简而言之,属性分析法是指以用户的基本属性为维度定义目标用户,如年龄、性别和区域等。例如某高档化妆品品牌定义自己的目标用户为北京、上海、广州等省份的 20 至 40 岁女性用户。

用户属性包括四个方面:静态属性、心理属性、动态属性和消费属性。

1. 静态属性

静态属性主要根据用户的基本信息进行划分,如性别、年龄、学历、角色、收入、地域、婚姻等。还有根据不同的产品进行的不同属性的划分,如社交婚恋产品。静态属性比较重要的是性别、收入等。

2. 心理属性

心理属性指用户在特定的环境变化、社会事件、情感经历的过程中的心理反应或者心理活动。进行用户心理属性的划分,能更好地依据用户的心理行为进行产品的设计和运营。

3. 动态属性

动态属性指用户的行为。信息时代人们出行、工作、休闲、娱乐等都离不开互联网,如购物、玩游戏、看视频、听音乐、写评论、订机票等。动态属性能更好地记录用户日常的偏好和行为习惯。

4. 消费属性

消费属性指用户的消费意向、消费意识、消费心理、消费嗜好等。只有对用户的消费有个全面的数据记录,才能对用户的消费能力、消费意向、消费等级进行很好的管理。消费属性是随着用户收入的变化而变化的。在进行产品设计时,对用户是倾向理性消费还是感性消费要进行较好地把握。

用户属性分析法导致竞争加剧,生产的内容要适合多种类型的人阅读,其生产过程类似于综合性媒体,涉及的领域众多,投入的资源较多。但如果能获得竞争优势,那么带来的用户量也是巨大的,这就是我们所熟知的综合类账号的用户数要远远高于垂直类账号用户数的原因。

基于广泛领域的内容创作,使得属性分析法内容的创作深度不及垂直思维法,它的内容生产的核心方法是通过激发潜在用户的情感共鸣广泛吸引目标用户。在这种情况下,要在竞争中脱颖而出,必须同时依赖出色的内容生产能力和充足的推广资源。

案例　36氪微信公众号,提供科技创新创业综合资讯

36氪集团创办于 2010 年 12 月,它以科技创投媒体起家。作为一家科技创新创业综合服务集团,它拥有新商业媒体如 36 氪传媒、联合办公空间 - 氪空间、一级

市场金融数据提供商-鲸准等三家媒体。36氪集团为中小微及科技创新企业解决了"曝光难、办公难、融资难"的问题，提供包括媒体曝光、办公场地及相关配套、融资对接等服务。36氪集团也为服务中小微企业的金融机构和非金融机构提供金融信息服务。

36氪的微信公众号，致力于为公众提供科技创新创业的相关前沿资讯，是服务中国新经济参与者的卓越品牌和开创性平台，提供新锐深度的商业报道，强调趋势和价值，其口号为："让一部分人先看到未来。"

图4-8所示为36氪的微信公众号及其推文。

图4-8　36氪的微信公众号及推文

4.2.2　垂直思考法

垂直思考法，即按照一定的思维路线或思维逻辑进行的、向上或向下的垂直式思考方法。这是一种头脑的自我扩大方法，以思维的逻辑性、严密性和深刻性见长，一向被评价为最理想的思考法之一。它以对某个领域、某种功能、某种偏好有兴趣或持续关注的人群为目标用户。例如今天写了一个明星的八卦文章，这是娱乐领域，针对的是爱好娱乐新闻的用户；明天制作了一个情感类小视频，这是情感领域，针对的是女性用户。

垂直思考法在属性分析法的基础上，将用户特征进一步明确，满足用户在某个领域的标签性需求。相比属性分析法，垂直思考法确定的目标用户数量急剧下降，但内容的标识度却大幅上升，内容生产效率得以大幅度提高。同时，由于对内容领域的严格限制，导致内容资源相对不足，生产的难度随着时间的推移也会逐步提高。

利用垂直思考法，内容生产得以聚焦在"功能"上，要么是解决用户的实际困难，要么是满足用户的某种特定兴趣爱好，生产效率大大提高，用户的价值感知也非常明确。但使用垂直思考法使内容的延展性受到很多限制。

垂直思考法降低了内容生产的难度，内容团队持续在某个特定领域里创作内容，内容深度、精细程度会产生生产壁垒，行业竞争相对于属性分析法也明显下降。

垂直思考法有以下 3 个特征。

（1）高度概括性，可以纵向挖掘深度。

（2）讲求按部就班、循序渐进。因此不仅要求每一步骤及每一阶段都必须是绝对正确；而且要求推论过程中的每一事物都须接受严格的定义及推论正确无误。

（3）顺乎人的自然本能。因为垂直思考法重视高度可能性，而人在面对问题时，往往会被可能性最高的解释吸引，立刻接受并跟随其继续发展。

案例 某互联网美术教育机构的垂直化探索

"模式"一直是美术教育乃至整个教育行业的话题重心，某互联网美术教育机构就一直在探索垂直化教育模式。

该教育机构的在线教学模式有很多种。从互动方式上来说，有真人课、录播课，也有模拟真人课程等新颖的方式；从规模上来说，有小班课、中班课、大班课、1对1等方式。在确立1对1教学模式之初，无论是资方还是团队内部，都对1对1的模式不看好，认为其成本收益不对称。

相比班课，1对1模式显然拥有更不可控的师资运营成本，乍看起来难以盈利。但在其管理者思考了例如"哪种模式能为用户传递更多的温度？哪种模式能够透过冰冷的屏幕给同学们一份更好的体验？"等问题之后，依旧选择了线上1对1模式。

虽然在现有的技术手段下，线上做得再好，同类型课程的体验也比不过线下。但是线上1对1和线下班课相比，老师能够更专注于同一个学生，价格上也有优势。

这也是该互联网美术教育机构坚持看好并首推线上1对1课程模式的原因。无论是课堂场景给用户带来的体验还是业务逻辑方面，线上1对1都能有其独特的价值。

图4-9所示为线上1对1课程教学场景。

图 4-9　线上 1 对 1 课程教学场景

4.2.3　人物角色定义法

人物角色是一种虚拟的用户资料，集合了用户研究中普遍的用户特征，可以代表产品的用户群。人物角色定义法用于分析目标用户的原型，描述并勾画用户行为、价值观以及需求等。角色定义法是指以特定的社会角色为目标用户，比如某高中教辅类书籍定义目标用户为全国的孩子、教师以及家长等。

1. 人物角色定义法的主要用途

人物角色定义法有以下5个用途。

①有助于决定谁是/谁不是目标用户，避免产品以自我/自身需求、弹性用户、边缘功能为参考设计，将同理心聚集在目标用户周围；

②助于对用户类型的优先级进行排序，确定受众目标，识别需要重点考虑用户体验的地方，确定产品的功能；

③描述行为细节，讲述动人故事，便于企业内部同利益相关者、开发人员和其他设计师交流，方便向团队描述产品的目标用户，帮助团队成员达成共识，利于持续分享对用户价值观和需求的理解和体会，讨论设计决策；

④助力市场营销和销售规划等与产品相关的其他工作，决定资金投放；

⑤考虑端到端的交互，深入理解设计可行性，衡量设计效率。

2. 人物角色定义的构建方法

人物角色定义的构建方法分为以下6个步骤。

①通过定性研究、情景地图、用户访谈、用户观察等方法收集相关信息；

②找出行为变量中重要的行为模型，如行为方式、行为主旨、共通性、个性等；

③综合各种特征阐明目标（社会动态关系多样化），总结目标用户特点，检查完整性和冗余，根据相似点分类用户群；

④指定人物模型类型（主要、次要、补充、客户、负面），产品的典型用户可以有一种或几种，一般情况下只需要3～5个人物角色；

⑤筛选具有代表性的相关用户特征，挑出最典型的一个或几个形象，确定其主要特点、需求和目的，进一步描述其特征和行为（拼贴画，撰写叙述，传递人物模型情感和经验），将其形象化；

⑥形成用户角色样本，包含个人信息、背景资料、工作与信息技术经验、角色目标、商业目标、对设计对象的关心度与期待、相关经验、关注点、可引用用户调研语录等。

3. 人物角色定义法的用户特征参考

就人物角色定义法而言，还有一些用户特征可以为我们所参考。

①活动——用户做什么，做的频率和工作量；

②态度——用户怎样看待所在领域和采用的技术；

③资质能力——用户的学历，受过的教育培训，学习能力，在相关领域的知识水平；

④动机——用户涉足领域的原因；

⑤技能——用户使用相关技术的总体水平。

4. 人物角色定义法的用户目标参考

就人物角色定义法而言，还有一些用户目标可以为我们所参考。

案例 某母婴育儿类微博自媒体为年轻父母们分享育儿经验与技巧

某母婴育儿类微博自媒体致力于分享育儿经验与技巧。其内容包括但不限于"跟宝宝逛商场时，宝宝看到喜欢的玩具，你不买他就哭闹，这该怎么办呢？"等。该微博自媒体在 2016～2018 年连续三年获得"新浪育儿影响力红人"称号，如今粉丝已经超过了 70 万人。

母婴亲子是公认的极具价值和想象空间的市场，亲子类自媒体正在成长为这一市场的重要传播载体。年轻父母对亲子类自媒体具有较高的信任度，亲子自媒体经营者对用户的影响能力之大、亲子类自媒体的黏性之高，远非其他领域自媒体可以比拟。

图 4-10 所示为某母婴育儿类微博自媒体。

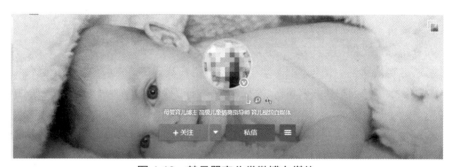

图 4-10　某母婴育儿类微博自媒体

4.3　策划选题阶段

要做好自媒体需要解决的难题不少，其中首当其冲的就是选题。做自媒体最重要的是内容流量，选题是影响内容流量的关键因素，因而懂得如何策划选题是自媒体人必须要具备的能力之一。

掌握选题策划能力不仅是为了提高内容流量，更重要的是要保证自己的账号有持续性的内容输出。

4.3.1　内容定位

内容定位即企业新媒体平台能够给用户提供什么样的内容和功能。

1. 内容定位的原则

新媒体内容定位有 5 个原则。

①内容要满足用户的需求；

②内容风格要统一;
③内容要符合营销目的;
④内容的高频输出;
⑤内容要贴合运营人员的能力。

2. 内容定位的工作要点

内容定位应该做好3个方面的工作。

1）明确内容的发展方向

在初始化构建阶段，需要确定内容的整体框架，以利于填充内容的核心部分。内容的整体框架包括"架构"和"问题"两个方面。

架构包括3个方面的内容：①内容从哪里来；②内容到哪里去；③内容的关键方向。

问题也包括3个方面的内容：①种子用户来源；②实际内容准备；③关键路径梳理。

图4-11所示为明确内容发展方向的结构思路图。

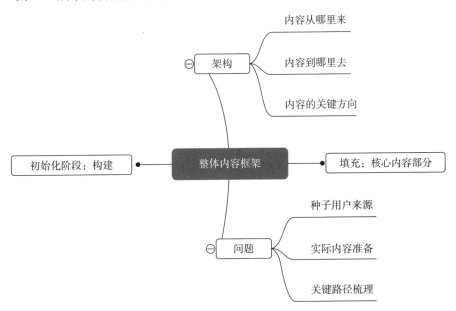

图4-11　明确内容发展方向的结构思路图

2）明确内容的展示和整合方式

优质内容的展示方式包括4个方面。

①话题推出——动态推荐新近发生的有影响力的话题;
②成员信息——根据关注者提供的信息进行相关展示;
③模块推送——在平台构建专门模块来推送优质内容;
④媒体转发——官微、微信、自媒体等新媒体平台的转化。

图4-12所示为明确内容展示和整合方式的结构思路图。

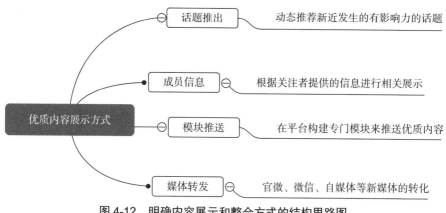

图 4-12　明确内容展示和整合方式的结构思路图

3）明确内容的互动方式

内容互动的关键点有 4 个。

①特点运作——根据内容运营的自身特点、受众进行运作；
②定时发布——固定发布内容，让用户养成习惯；
③信息互动——与内容消费者保持信息上的互动；
④自主创新——尽量原创，少转发和借鉴别人的东西。

图 4-13 所示为明确内容互动方式的结构思路图。

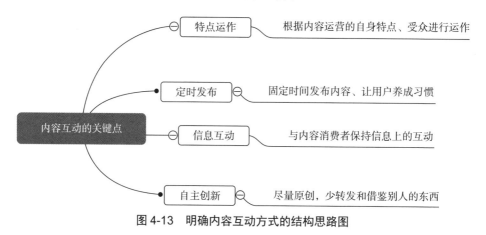

图 4-13　明确内容互动方式的结构思路图

3. 内容定位的具体流程

1）圈定目标人群

圈定目标人群是指圈定具有重点价值的用户群。原则上来说，一个产品的目标用户范围通常会比较广，比如主要面向学生群体的营养类乳制品，同时会受到很多中年男性、女性和老年男性、女性的青睐。而在这个大范围的用户群体中，并不是每一个用户都能为产品创造价值的，用户对产品的接受度、了解度都会影响到最终的销售效果。企业不可能在每一位可能的用户身上投注成本，因此需要圈定核心目标用户，尽可能缩小投入范围，解析核心目标用户的消费方式、消费习惯和消费心理，挖掘他们的卖点和痛点，针对核心目标用户部署营销策略，提高推广的精准性。

2）找到合适的营销方式

不同的产品和品牌、不同的营销目的、不同的营销途径，通常都会有各自适合的营销方式。比如很多知识型自媒体喜欢通过出书、发布热门文章的方式进行推广，一些知名的达人、名人喜欢通过演讲、直播的方式来进行宣传，很多网络红人喜欢通过拍视频的方式进行营销。

营销方式的选择并没有固定的标准，只要该营销方式可以更恰当、更完整地对营销内容进行表达，或者该营销方式是自己比较擅长的领域，就可以针对所选择的营销方式进行专门的内容策划。

3）寻找适合的媒介

新媒体为内容营销提供了更为广阔的平台，每一个平台都有自身的特点和优势，可以根据具体的营销策略选择适合自己的平台或者在全平台进行推广。此外，还可以借助有影响力的人员进行推广，比如自由撰稿人、行业意见领袖、高人气达人、忠实优质的粉丝，以及合作伙伴的推广渠道等。

4）对内容进行策划和包装

好的内容需要正确的宣传，懂得在不同的时间段适当地使用、包装内容，可以有效增加内容传播的宽度和广度，保持内容在核心目标用户中的曝光度。

5）打造内容亮点

在内容营销的过程中，往往难以保证每一个内容推广都有亮点，但依然要将亮点作为内容营销的重点。

有4个内容方向可供参考：价值、品牌、关键词和用户。

6）设计便捷的转化入口

一般来说，用户刚接受信息的时候是转化的最佳时刻，时间间隔越久，入口操作越复杂，用户的转化行为就越低。

由于内容营销的发布渠道很多，每个渠道都拥有不同的入口和功能，所以营销人员可以选择合适的渠道进行内容的营销和发布，也可以自己制作方便用户转化的二维码或导向链接。

7）效果的追踪和反馈

一般来说，衡量内容营销的质量和效果可以遵循内容制作效率、内容传播广度、内容传播次数、内容转化率等指标。根据各项指标的实际表现对内容营销的效果进行评价和判断，再对表现不佳的指标进行优化改善，从而获取更大的营销价值。

4.3.2 选题策划

首先，需要牢记一个公式"人格化＋账号风格＝调性"。

调性与用户相互影响。调性越好越有辨识度，用户质量就越高，反过来用户群体也会逐步塑造账号。

1. 内容选题

选题的方法一般有以下几种。

1）挖掘内容定位关键词

挖掘内容定位关键词可以帮助我们找出无穷的选题，可以帮助我们更好地熟悉行业、理解行业、解读行业做法。

只要敢于开脑洞，永远不缺选题需要挖掘的内容定位关键词，只要肯花心思去学习，便可以更加全面、系统、深入地了解行业信息。例如许多美妆类博主报名参加专业美妆课程，目的是给粉丝分享更加专业、也更具深度的美妆知识。

2）抓住用户的需求和痛点

有一句话说得好："如果你缺选题，说明你对你的用户还不够爱，不够了解，你不知道你的用户每天为何而焦虑"。

首先明确你的细分用户群体，然后列出他们的需求和痛点，这就是选题库。

回到用户真实的生活、工作、思考的场景中，在用户所做的每一件事的每一个环节都要问自己，在这个环节上用户可能遇到什么难题？需要我怎么帮助？

思考的问题包括但不限于以下几个方面。

①不再局限于某一个垂直细分领域，而是面向所有人，面向整个大众人群；

②洞察琢磨人性，深刻理解整个大众人群普遍的痛点是什么，为何而焦虑、为何而痛苦；

③琢磨选题是否符合人性中的某些普遍性痛点。

3）借势热点

热点就是流量，借助热点便是为你的内容附加了流量属性。

一个话题是不是"热点"，就要看它是否在微博上了热搜榜？看它是否在朋友圈刷屏？看它是不是在知乎上被大量的人讨论？身边的朋友是否知道？

4）弥补空白

针对现有市场进行调查，收集和分析用户的需求，与潜在的用户进行沟通，填补市场需求的空白。

这种做法往往需要前期大量的投入，针对新的内容也需要从头开始制作。

特点是前期投入大，但是这种做法可以把潜在的竞争者排除在外，往往会取得意想不到的效果。

2. 内容选题的价值

新媒体内容的选题决定了其存在的价值。选题时需要考虑以下几个方面价值的实现。

1）文化价值

文化价值是社会的产物，不能把文化价值仅仅理解为满足个体文化需求的事物属性。人不仅是文化价值的需求者，而且是文化价值的承担者。文化价值在任何时候都是为人服务的，人类不需要的东西不具有文化价值。同时，文化价值又是由人创造出来的。不管是人的文化需要，还是满足这种需要的文化产品，都只能在人的社会实践中形成。人们创造文化需要和文化产品的能力，本身也是文化价值，而且是最本质的文化价值。任何社会形态都有该社会特有的文化需要，这种文化需要只有通过人们的文化创造活动来满足。

文化价值作为文化产品的一种形态，应该对人们具有精神上的引导作用。一个好的选题，无论基本立意还是主要内容，都应该是传播先进文化，弘扬社会正气，引人积极向上、奋发进取的。一个好的选题，应当体现出明确的引导性，这种引导性或是意识形态上的引导，或是思想上的启发，或是道德上的熏陶，或是科学知识的传授，或是几方面兼而有之。

2）艺术价值

艺术价值，主要是指一件艺术品所代表的作者的艺术个性和艺术风格，所反映的民族性和地域性。个性越典型，其艺术价值也就越高。艺术品包含艺术价值、历史价值（文物价值）、经济价值，且它们之间都相对具有独立性。

3）社会价值

社会价值是指个人及社会组织通过自身的自我实践活动，发现社会发展规律，揭示社会矛盾，为他人或社会创造物质或精神财富的贡献。

判定选题的社会价值要看该选题是否能解决人们在社会实践中面临的问题，无论是文学作品还是被形容为"玩物丧志"的游戏内容产品，都可以给社会、给他人带来一定的帮助，进而实现新媒体内容的社会价值。

4）经济价值

新媒体内容产品本质上是文化类型的产物，应该以追求文化价值和社会价值为主。但是作为一种媒介形式，必须有收益才能生存下去，进而继续创造出更有价值的产品。

所以策划选题时，必须考虑该内容可以带来哪些经济效益，比如是否能获得较多的流量？是否能推动用户为此内容付费？是否与商家合作进行产品推广？

需要注意的是，不能因为单纯追求经济价值而忽视了作品的文化价值和社会价值，平衡好它们之间的关系，才是切实可行的发展道路。

4.3.3　账号定位

账号定位，从某种角度来说是指自媒体账号的个人标签，通过一系列措施使大众认为该账号是一个什么样的账号。例如发送搞笑幽默的内容，大众便会认为这是一个搞笑账号；发送文艺电影、文艺书籍推荐，并使用文艺的名字和头像，大众便会认为这是一个文艺博主，以此来为自己贴上标签，也使用户加深印象。

账号定位有4个内容。

1. 选择领域

想做自媒体的肯定都有自己的一技之长，不管是写文章还是做视频，都能进行内容发布，确定领域后还要注意自己能不能在这个领域坚持发布。大部分人都是通过兴趣爱好来选择某个领域的，这种方法不可取，应该从以后的运营角度出发，然后再进行领域定位。

2. 确定目的

你做这个账号的目的是什么,是为了推广,还是为了活动收益。目的不同,需要的运营方法也不同。从活动收益的目的来看,你需要先把账号做成原创,因为很多活动只有原创账号才能参加,现在很多自媒体大咖也是依靠平台活动来赚取收益的。

3. 内容特色

内容有特色是为了增加用户的记忆,也就是文风和人设。你的人设可以根据领域来确定,比如一个有五险一金的上班白领或者没事喜欢解读历史的说唱歌手等,这些人设可以帮你更好地给内容定位。

4. 选择平台

平台的选择需要符合自媒体账号的定位,比如你是电影领域的,输出的是电影分析类文章或者视频,这个时候你的首选平台应该是百家、头条、大鱼、哔哩哔哩、抖音、知乎等,而不是新浪看点这类新闻资讯类平台。

你要了解你的内容在哪个平台上受众群体是最大的,然后再进行选择。

> **案例** 企业的抖音短视频账号定位

一些企业为了效果,一味跟风追随热点,导致账号内容的画风非常不统一,这种做法的直接后果就是难以沉淀精准粉丝。品牌不应单纯追求爆款,而是力求稳定产出优质内容。

企业账号正确的定位原则应该是长线营销思维、贯穿品牌理念和内容风格统一等。

以抖音平台为例,企业的抖音短视频账号具体该如何定位呢?

这其中包含了5个要素,即品牌理念、受众分析、账号人格、内容规划、运营团队。

第一,品牌理念应贯穿账号所有的规划与执行过程,包括账号名称、账号头像、主页背景图、账号签名等;

第二,受众分析是指品牌方要了解品牌的受众,明确用户需求,尤其是用户的需要,用户想要看到哪些内容;

第三,账号人格则是品牌主结合品牌理念、用户画像和平台特点,打造出的账号人设;

第四,内容规划上,应根据用户需求,定期做具体制作规划;

第五,运营团队也需根据内容规划来进行匹配,运营的风格也会直接影响账号的人格形象。

如今,不少品牌都会利用签名栏的一句话打造账号"人设"。然而,真正的账号定位与人设建立不仅在于一句话签名,更重要的是要把它渗透到内容创作中。

图4-14所示为抖音的徽标与个人信息编辑界面。

课堂讨论：策划选题工作对新媒体内容制作和生产有哪些意义？

图 4-14　抖音徽标与个人信息编辑界面

4.4　内容设计阶段

内容设计阶段是新媒体内容制作流程中的重要阶段，该阶段工作完成得好坏将直接决定新媒体内容质量的好坏。

4.4.1　内容设计的流程

新媒体内容产品包含很多种类，例如文章（微信公众号、知乎）、社交媒体图文分享（微博、小红书、大众点评）、视频内容（抖音、快手）、直播（淘宝直播、斗鱼、虎牙）等，也包括电子书、电子杂志、数据库等。每种类型的内容在设计流程中都存在诸多差异，例如文章类、图文类内容主要聚焦图片拍摄和文字撰写，而视频内容则主要依靠脚本、拍摄、剪辑等步骤完成。

但是整体来说，新媒体内容产品的设计主要包含以下几个方面。

1. 框架设计

在产品定位的基础上，能够满足市场需求、用户需求的模块设计，确定界面风格、使用素材、编辑规范、制作使用的软件等。

2. 多媒体素材设计

新媒体内容产品与传统内容产品的不同在于，新媒体内容产品是内容的表现，内容本身可以用文本图片、视频、音频、动画、虚拟现实和三维动画等多媒体方式呈现。所以，在进行产品设计时应该使用何种类型的多媒体，以及如何用此种类型的多媒体更好地表现内容，都是多媒体素材设计的内容。例如推文中是否使用图片，使用什么样的图片，使用几张图片，文字和图片如何排版等，都是多媒体素材设计阶段需要考虑的问题。

在该阶段，还应该考虑多媒体文件的加工方式，即文件如何加工才能满足内容表现的需要，也可以理解为文件格式。这部分内容主要集中在图片、视频领域，与产品呈现的平台和承载的设备也有密不可分的关系。例如 GIF 格式的动图能否在文章中正常播放，网站能否播放 MP4 或者 FLV 格式的视频文件等。

3. 交互设计

交互设计是指用户使用新媒体内容产品时，进行某个操作后的结果反馈，或者是设备状态的改变，如手机摇晃时的程序反应。

交互设计是与用户互动的重要手段，更是保障用户使用流畅的方法。在交互设计时，一般都需要进行用户操作行为分析，在此基础上进行交互设计有助于用户具有更流畅的阅读体验。例如横版还是竖版的图片/视频更符合用户的观看习惯，游戏互动内容的点击效果是否灵敏，反馈是否及时等。

4. 信息架构设计

如何将一个新媒体产品中包含的各种信息更好地呈现给用户，是信息架构设计需要解决的问题。

信息构架设计包括直播中红包领取的方式、跳转按钮的布局放置、各内容之间链接的快速跳转以及无障碍阅读等。

5. 功能设计

比较详细的功能设计，包括检索功能、导航设计、书签设置等。科学的功能结构设计，可以为用户带来更好的体验。例如某餐饮类微信公众号的导航栏分别为"门店信息""会员卡"和"商城"3 个功能；而某保险类微信公众号的导航栏则为"保险产品""保险服务"和"我的"3 个功能，如图 4-15 所示。

图 4-15　某餐饮类微信公众号的导航栏和某保险类微信公众号的导航栏

6. 技术可行性分析

与传统的出版内容不同，新媒体内容生产需要很多技术的支持，如大数据技术、云计算功能等，也包括拍摄、剪辑等内容创作的技术支持。

这些技术多为成熟的技术，但是技术的应用范围也存在一定的限制，此时就要在产品设计过程中考虑凭借现在的技术是否可以达到设计的制作要求。例如对于短视频内容，是否需要画面调色；针对直播内容，是否有足够的条件支持人物滤镜的使用等。

4.4.2 撰写脚本

"脚本"相当于新媒体内容制作的提纲。由于图文内容相对比较简单，因此不太需要脚本，但是在视频内容制作和直播内容中都需要有脚本。

1. 短视频脚本

对于短视频来说，脚本极其重要，是短视频制作的核心。没有脚本作为指导，后续的制作就会成为一盘散沙，横冲直撞，不得方向。

脚本由来已久，一直是电影、戏剧创作中的重要一环。脚本可以说是故事的发展大纲，用以确定整个作品的发展方向和拍摄细节。与传统的影视剧脚本及长视频脚本不同，短视频在镜头的表达上会有很多局限，如时长、观影设备、观众心理期待等。所以，短视频需要更密集的视觉、听觉和情绪的刺激，并且要安排好剧情的节奏，保证在5秒内抓住用户的眼球。

图4-16所示为短视频制作概念图。

图4-16　短视频制作概念图

1）短视频脚本的类型

短视频脚本大致可分为3类：拍摄提纲、分镜头脚本和文学脚本。

（1）拍摄提纲。

拍摄提纲就是短视频的拍摄要点，用来提示各种拍摄内容，适用于不容易预测场景的拍摄，如采访热门事件当事人。

拍摄提纲一般包括6个步骤，如图4-17所示。

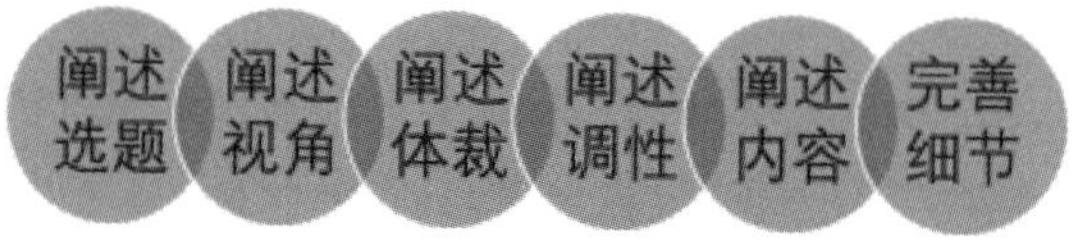

阐述选题　阐述视角　阐述体裁　阐述调性　阐述内容　完善细节

图 4-17　拍摄提纲的 6 个步骤

①阐述选题：明确视频的创作目标，包括选题、立意和创作方向；

②阐述视角：角度和切入点是核对选题的关键步骤；

③阐述体裁：体裁是短视频的重要形式，包括创作手法、表现技巧等；

④阐述调性：短视频的调性是指其风格、画面和节奏等方面，包括画面构图、色彩基调、视听语言以及声画形式等；

⑤阐述内容：详细地呈现场景特点、故事结构、拍摄技法以及主题表现等内容，用提纲指导相关创作人员的后续工作；

⑥完善细节：针对镜头拼接、特效包装、音乐音效和解说配音等形式进行完善。

（2）分镜头脚本。

分镜头脚本适用于故事性强的短视频。分镜头脚本已经将文字转换成了可以用镜头直接表现的画面，通常包括画面内容、景别、摄法技巧、时间、机位、音效等。

分镜头脚本一定程度上已经是"可视化"影像了，它能帮助团队最大程度地保留创作初衷。因此，对于想要表达一定故事情节的短视频创作者来说，分镜头脚本不可或缺。图 4-18 所示为分镜头脚本。

第一场：

镜号	景别	场景	画面内容	时间	拍摄方式	配音	备注
1.	大全	广袤的草地	仰拍，碧蓝的天空，流淌的白云，天空和草地交接处，一群大雁成"V"字型入画	4s			
2.	远景	广袤的草地	大雁飞至镜头中间，没有继续向前飞行，停在原地扑腾着翅膀	3s		大雁的叫声	
3.	小全	广袤的草地	镜头下摇，侧拍，女主角站在草地上的野花丛中，仰脸看着天空，右手抵在额前遮挡阳光	3s			
4.	小全	广袤的草地	四周的草叶和花瓣陆续飞起来飘到空中，女主角环顾四周，好奇地看着这一幕	4s	平拍		
5.	特写	广袤的草地	女主角伸出手，手掌朝下，无数的花瓣贴到了她的手心	3s			
6.	小全	广袤的草地	女主角看向脚下，发现自己双脚离地，正缓缓飞到空中	3s	镜头上摇		
7.	大全	广袤的草地	一阵风吹来，青草和花朵扬起来，女主角随着花瓣飘走了	6s			

图 4-18　分镜头脚本

(3)文学脚本。

文学脚本不需要像分镜头脚本那样细致,适用于不需要剧情的短视频创作,例如教学视频、测评视频等。在文学脚本中,只需要规定人物需要做的任务、说的台词、所选用的镜头和整期节目的长短等。

下面是一个简化形式的文学脚本。

场景一

①(画面淡入)平移拍摄校园大门口正在进入高考考场的学生和焦急等候在学校外的家长;

②近景拍摄家长们关切的表情;

③特写家长们额头上的汗珠;

④特写飞奔的双脚,拉为全景镜头,一个男孩手里拿着文具袋,满头大汗,气喘吁吁,冲向学校的大门。

2)短视频脚本的写作流程

短视频脚本的写作流程主要分为3个步骤:明确主题、搭建框架以及填充细节。如图4-19所示。

图4-19 短视频脚本的写作流程

(1)明确主题。

明确主题是指锁定目标群体。在制作短视频之前,首先要弄清楚你写的东西是给谁看的,用户人群的特点是什么,然后再根据受众的具体情况确定脚本的主题。这样做有利于把握短视频脚本的基本原点,确保后续工作的持续稳定。

(2)搭建框架。

基本主题确定后就要开始搭建脚本框架。故事是这个框架的核心,故事的内容形式包含:角色、场景、事件等。由于目前我们写的脚本是供短视频拍摄使用的,所以需要在有限的文字内增添类似于反转、冲突等比较有亮点的情节,吸引观众,突出主题。

(3)填充细节。

细节可以增强视频的表现感,调动观众的情绪,使人物更加丰满。在确定了需要执行的细节后,考虑使用哪种镜头来呈现它,然后编写一个具体的脚本。此处的细节也就是短视频的分镜头。

3)简易的短视频脚本

大部分短视频脚本可以用简易的形式来操作,脚本包括拍摄的主要内容有时间、场景、天气(环境)、地点、情节说明、角色名称、动作说明、对话、其他说明以及注意事项等。图4-20所示为简易的短视频脚本。

项目	内容
时间	
场景1	
天气（环境）	
地点	
情节说明	
角色名称	
动作说明	
对话	
其他说明	
注意事项	

图 4-20 简易的短视频脚本

2. 直播脚本

电商直播脚本一般有单品直播脚本和整场直播脚本。

单品直播脚本（电商领域）主要在于把控商品引入及介绍的准确性。单品直播脚本通常以表格的形式，将产品的卖点和优惠活动标注清楚，可以避免主播在介绍产品时手忙脚乱，混淆不清。

下面我们来看整场直播的脚本，整场直播脚本重点在于把控直播流程的流畅度。

一场好的直播离不开一个设计严谨的脚本，有头有尾，有开篇有高潮。直播脚本就像电影的大纲一样，可以让我们把控直播的节奏，规范流程，达到预期的目标，让直播效益最大化。

一般来说制定直播脚本的目的有以下 4 点。

①增加粉丝关注度，升级粉丝观感；
②为观众提供独特的视角和深度；
③建立舆论导向，长期个性化打造；
④减少突发状况，包括控场意外、节奏中断、尬场等。

图 4-21 所示为某直播脚本（部分）。

时间点	直播模块	模块说明	福利发放	互动说明
20:00~20:10	与粉丝日常交流	寒暄&日常答疑	关注红包3个	欢迎+点爱心+邀请关注
20:10~20:40	新品介绍	全方位展示商品	/	鼓励粉丝转发直播
20:40~21:00	限时特价活动	活动介绍买二送一	店铺优惠券/抽奖送礼	福利领取指导

图 4-21 某直播脚本（部分）

在此，我们以淘宝直播为例，对直播脚本进行解析。

淘宝直播脚本包括4个核心要素。

1. 直播主题的明确

主题就是核心，整场直播的内容需要围绕中心主题进行拓展，比方说店铺上新、店庆活动等。

如果内容与主题不符，就会引起观众的不满，导致客户流失。例如你以为该直播间要进行店铺周年庆，设置了直播间抽奖活动，但当你进入直播间时，发现主播在讲解产品以及拼单省钱的技巧，迟迟没有进行抽奖，此时许多用户就不想再观看下去了，会选择离开直播间。

2. 直播节奏的把控

直播节奏的制定简单来说指的就是对时间的规划。确定每段时间的直播内容，有助于主播从容不迫地把控整个直播间走向，同时也优化了直播的流畅性，增加了粉丝的观感体验，不至于直播途中突然卡住不知道该做什么。

以下这些节奏点一定要在直播脚本中规划并体现出来。

（1）直播中要反复明确自己直播的目的。

无论是开场预热还是品牌介绍，或者是整场直播活动的简单介绍，一定要让粉丝明白"我在看什么""我能得到什么""有哪些福利和产品"。

（2）直播中讲解内容要结构合理。

一件产品大概需要10～20分钟进行讲解和演示，要把控好讲解和演示各自所需要的时间，同时也要注重二者的搭配使用。节奏的把控很重要，这也是专业主播和业余主播最本质的区别。这个阶段最重要的是直播的内容要和最开始确定的目标相互呼应，切忌像电视购物一样卖东西。

（3）直播中强调身份的专业性、身份的正确性。

这样做的目的是建立粉丝信任，增加粉丝关注度。

（4）直播中强调产品的特殊性、适用性等内容。

这样做的目的是针对这个产品提供独特的视角和深度，以提高产品的转化率和客单价。

（5）直播中传播对品牌有利的舆论。

有利舆论有利于帮助品牌树立形象，成为品牌的发声口，也可以达到一定的危机公关效果；不仅可以获得粉丝的认可和支持，还能在当天提高"同情单"转化。

一般来说，直播内容都要分阶段设置，这个阶段不是前后关系，而是并列关系。因为要考虑到很多消费者是半路加入的，并不知道你之前讲了些什么，所以每个阶段都要有衔接。这就是节奏的体现。

3. 淘宝直播分工的调度

直播是动态的过程，涉及人员的配合、场景的切换和道具的展示。因此，前期在脚本上一定要做好标注，这一方面有助于直播的筹备，另一方面会使现场的配合更加默契。

优秀的直播脚本是一定会考虑到这些流程的各个环节和团队的配合的，可以让正式直播的内容有条不紊。简而言之，直播的调度就是时间、场景、人员、道具、产品的综合调度。

4. 直播互动的引导

互动、福利等内容在什么时段插入，也要提前在脚本中注明，让主播有一个明确的操控。

一般来说抽奖是预约获客高峰期，合理使用套路，能有效提升转化效果。除此之外，还可以有情感性互动、故事性互动等，往往会有出乎意料的效果。

通过对上述内容的总结，可以得到淘宝直播脚本核心要素的汇总。如表4-1所示。

表4-1 淘宝直播脚本核心要素汇总

要素	要求
明确直播主题	从需求出发，明确核心
把控直播节奏	确定每个时间段的直播内容，有条不紊，张弛有度
调度直播分工	注明直播人员、场地、道具，高效配合，稳中求胜
引导直播互动	增加趣味性，吸引用户停留，制造高潮时刻

4.4.3 制作原型

由于新媒体内容包含众多形式，制作较为复杂，许多从业者便开始寻找"制作原型"，也就是通俗意义上的"模板"。

模板是指作图或设计方案的固定格式。模板是将一个事物的结构规律予以固定化、标准化的成果，它体现的是结构形式的标准化，但同时也会带来千篇一律的疲劳感。

1. 微信公众号推文模板

一些平台可以使用固定的模板对文字和图片内容进行排版。

例如微信公众号模板——夏日清爽风（如图4-22所示）。该模板整体采用了灰、浅绿和深绿色系；背景采用了灰色带水珠的样式；段落采用了浅绿底色导角配深绿的线条框；图片采用了相框样式，是透明的，具有浮雕效果；分割线采用倒三角形符号；列表采用白字绿底的导角样式；段落字体右对齐，小标题使用绿色叶子包起来；重点文本是白色绿底，整体看起来很清爽。

2. 带货类短视频内容模板

不同的短视频有不同的模板格式，例如故事类短视频和带货类短视频的模板就各不相同，这里我们主要针对带货类短视频模板进行讲解。

对带货类短视频进行解构划分，可发现其大致分为开场导入的背景介绍、产品的逐一介绍、优惠机制与催促购买三大部分。

1）背景介绍

严格遵守抖音的"3秒定律"，即在头3秒之内必须把用户的关注锁定，否则用户刷到下一视频的概率极高。

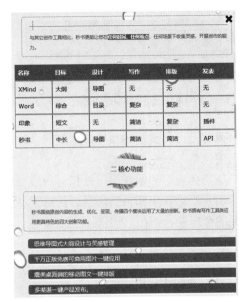

图 4-22　微信公众号模板——夏日清爽风

2）产品介绍

在产品介绍方面,可以优先考虑把品牌与产品先暂时放下,研究一下消费者的画像,熟悉他们的生活形态与场景,然后匹配出对应的卖点。这样,才能在短视频宝贵的几十秒时间里面捕捉到消费者的关注点,实现营销目标。

3）促销介绍

推动消费者做最后的决策,使消费者下单购买这一环节是短视频营销的重中之重。在这个时间点,最重要的是利用前面顺畅的产品介绍激起消费者的欲望,用促销数字刺激消费者,督促其下单。

3. 直播内容模板

直播流程包括 5 部分。

（1）开场预热：打招呼、介绍自己、欢迎粉丝到来,今日直播主题介绍。

（2）话题引入：根据直播主题或当前热点事件切入,目的是活跃直播间气氛,调动粉丝情绪。

（3）产品介绍：根据产品单品脚本介绍,重点突出产品性能优势和价格优势（直播间活动）。

（4）粉丝互动：直播间福利留人、点关注、送礼、抽奖、催单话术、穿插回答问题等。

（5）结束预告。

制作原型只是根据已有的经验进行总结归纳的简易模板。一方面它为创作者带来便利,指明创作方向,另一方面也会因为同质化的问题使用户感到审美疲劳。因此,立足模板所指出的创作方向,在此基础上把握用户的需求与市场需求,结合具体产品或内容,开动脑筋,大胆创新,才是新媒体内容制作的长远之计。

📌 **课堂讨论：** 通过观察小红书平台的"高热度"原创内容，尝试总结小红书平台的"爆款"内容模板。

4.5 制作编辑阶段

内容是产品质量的核心，也是产品设计制作的重要组成部分，所以对内容的管理至关重要。

新媒体内容的制作编辑是指对内容素材进行获取并组织。在这一过程中，不仅包含对素材的收集和拍摄，也包括对素材的加工和处理，更重要的是对新媒体内容产品的合理性、合法性、美观性进行审核，也需要使之更符合用户的使用习惯和期望，进而使内容达到发布的标准和要求。

4.5.1 素材的收集

原始的素材分为可以直接使用和需要先加工再利用的两种，原则是尽可能利用已有的素材进行加工。以知识分享型自媒体账号为例，已有网络收集的文字内容，需要先对文字内容进行润色完善，再收集相关图片对其表现形式进行丰富，最后进行排版或者录制成为视频。

素材收集的渠道包括线上与线下两个部分，包含互联网搜索、书籍报刊、人物访谈等多种来源形式。做好素材收集工作，可以充分利用已有的资源，节约成本，加快新媒体内容产品的制作过程。

随着新媒体行业的快速发展，内容形式越来越复杂，许多内容制作需要全新的素材，尤其是视频内容，这就要求创作者们从头开始制作。从头开始制作的视频对于我们来说非常熟悉，其拍摄的相关知识将在下一节进行阐述。

此外，使用有著作权保护的素材，必须获得著作权人的正式许可方可使用。

下面主要介绍各种形式的素材的收集工具。

1. 配图素材

配图类网站有很多，这里为大家分享6个。

1）Icon-Font Iconfont

这里是最全的矢量图标网站。

2）Unsplash Unsplash|Free High-Resolution Photos

摄影类图片网站，每天更新10张，分辨率很高，拍摄角度特别。

3）Pinterest Pinterestpinterest

图片都比较文艺，但是需要注册。

4）Magdeleine Hand-Picked Free Photos For Your Inspiration – Magdeleine

这个网站的图片是唯美风格的，可以在右下角选择不同色系。

5）昵图网

一个设计素材、图片素材共享平台。昵图网的图基本都很大，像素在2000DPI以上，图片都是经过精心挑选的。

6）花瓣网

帮你收集、发现网络上你喜欢的事物。用户可以将网上看见的一切信息都能保存下来，上手简单，玩味无限。

2. 内容运营学习网站

学习一些内容运营知识，可以帮助我们理解内容，创作内容。

1）TOPYS

全球顶尖创意分享平台，包含广告、文案、创意、设计、艺术等方面，值得一看。

2）互动中国

这里会分享一些案例和广告创意，可以给创作者一些启发。

3）梅花网

营销者的信息中心，这里有营销干货文章，可以借鉴和思考。

4）"91运营"网

分享互联网产品策划、网络营销、移动互联网和电子商务运营干货文章。

除此之外还有一些其他的网站可供参考，如表4-2所示。

表4-2　内容运营学习网站（部分）

网站	网址
人人都是产品经理	www.woshipm.com
姑婆那些事	www.gupowang.com
鸟哥笔记	www.niaogebiji.com
运营学堂	www.yunyingxuetang.com
产品壹佰	www.chanpin100.com
爱运营	www.iyunying.org

3. 资讯类网站

资讯类网站可以帮助我们快速收集到最新的资讯信息，获取灵感。

1）虎嗅网

聚合优质的创新信息与人群，捕获精选、深度、犀利的商业科技资讯。在虎嗅网，不错过互联网的每个重要时刻。

2）创业邦

创业邦是创业者的信息平台和服务平台。

3）砍柴网

砍柴网探索科技与商业的逻辑，分享前沿科技。

4）易观数据

实时分析驱动用户资产成长的大数据平台，每年都有对某个行业的分析报告，对于了解细分行业有很大帮助。

4. 榜单类网站

1）百度搜索风云榜

百度搜索风云榜以数亿网民的搜索行为作为数据基础，建立权威的关键词排行榜与分类热点门户。实时更新网络热点，为您一站式解读最新最热的人物和事物信息，引领热词阅读时代。

图 4-23 所示为百度搜索风云榜的百度热搜板块。

图 4-23　百度搜索风云榜的百度热搜板块

2）新榜

以榜单为切入点，新榜网站向众多 500 强企业、政府机构提供线上、线下数据产品服务，"号内搜""新榜认证""分钟级监测"获得广泛应用。在协同内容创业者商业化方面，新榜依托数据挖掘分析能力，建立用户画像和效果监测系统，连接品牌广告主和品牌自媒体，用一年时间迅速成长为关键意见领袖、自媒体原生广告的服务商之一，旗下电商导购服务团队也已成为连接自媒体和供应链的重要桥梁和平台。新榜还向图文、视频内容创业者提供版权经纪服务，并通过与新希望、罗辑思维、如涵等网站共同发起设立的新榜加速器，实行内容创业投资孵化。

图 4-24 所示为新榜网站的首页。

图 4-24　新榜网站首页

3）头条指数

头条指数是"巨量引擎云图"推出的一款数据产品。作为内容生产、传播、营销、舆情监控的重要工具,头条指数致力于用数据服务个人和机构,提供丰富及时的数据维度。头条指数基于今日头条的大数据分析,反映出用户在智能分发下的阅读及互动行为。您可以通过使用头条指数捕捉用户的兴趣和关注点,监测社会舆情,为精准营销、舆情应对乃至学术研究提供重要的数据参考。

图 4-25 为头条指数的功能示例。

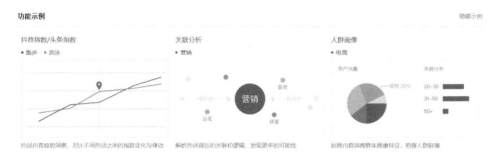

图 4-25 头条指数的功能示例

4)微博热搜榜

微博热搜榜,为用户提供网友热搜的事件、话题,同时提供不同领域的分类热搜榜,如综合热搜、时事热搜、影视热搜、名人热搜、财经热搜、体育热搜等,实时了解大家正在搜的热点信息。

图 4-26 为微博热搜榜首页。

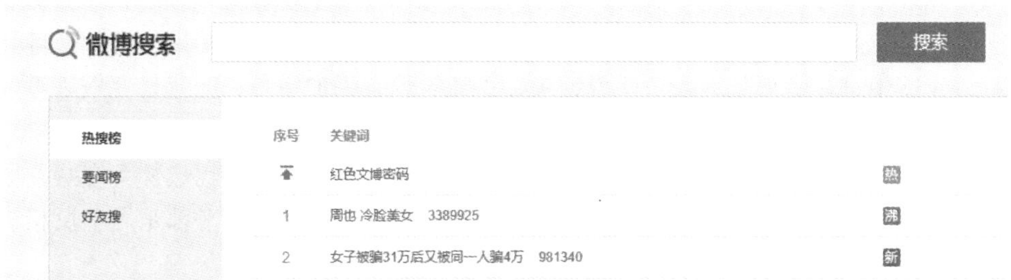

图 4-26 微博热搜榜首页

5)热浪数据

热浪数据致力于多平台分析品牌数据,一键洞悉品牌排名情况、市场占比、投放策略,及时了解竞品变化,并实时转换运营思路,提升品牌竞争力。同时,热浪数据支持对直播与短视频数据的实时监控、货品及直播查找、热门视频和音乐搜索等功能。

图 4-27 为热浪数据首页。

课堂讨论:尝试总结还有哪些新媒体内容的素材收集渠道以及内容灵感来源?

图 4-27　热浪数据首页

4.5.2　素材的拍摄

下面我们一起来了解一下新手刚进入短视频自媒体行业时需要准备的拍摄器材与工具。

1. 素材拍摄工具

1）手机或者单反相机

很多新手在刚开始拍摄短视频的时候，总觉得应该选择单反相机或者摄像机才能做出好的视频作品。其实对新手来说，很多拍摄的技巧都不娴熟，所以建议选择手机进行拍摄。可能很多人会觉得用手机拍摄不够专业，但实际上手机能够帮助我们解决很多短视频拍摄的问题，而且现在智能手机的拍摄功能也是非常的棒，其清晰度、色彩呈现等方面的效果不逊色于专业相机。

此外，使用手机拍摄的时候还有很多其他的优点。比如我们直接用手机上的短视频 App 拍摄好的视频，可以直接在 App 上发布。使用手机做短视频还有一个优点就是，现在有很多手机视频 App 具有剪辑功能，我们可以将手机拍摄的视频直接导入到 App 中进行后期处理，使切换镜头、添加转场、添加字幕、配背景音乐等可以一气呵成，非常方便。

当然，对于有一定拍摄经验的人来说，专业单反相机还是最优选择。有些领域使用单反相机拍摄的效果会更好。比如我们常见的美食领域，很多都是用单反相机拍摄的。图 4-28 所示为手机与单反相机。

图 4-28　手机与单反相机

2）录音器材

录音器材是我们常说的收音器材，一般来说是指麦克风。录音器材大致可以分三种：自录设备、小蜜蜂、录音机。其实我们用的拍摄器材一般都会自带收音功能，但是自带的收音功能通常比较差，经常会有爆音或者噪声出现，收音效果并不是很好。因此，对于刚入门的新手来说，建议选择一个普通款的收音设备，比如小蜜蜂。

如果短视频作品对音频的要求比较高的话，可以选择一些比较好的收音设备，比如专业录音机，不过使用前一定要设置好参数，否则录音效果会大打折扣。总体来说，用录音机的效果一定会更好。图 4-29 所示为录音设备。

图 4-29　录音设备

通常，为了更好地保证收音效果，如果相机具有耳机接口，尽可能使用监听耳机进行监听，以保证声音的正确。另外，在室外拍摄时，风声是对收音效果最大的干扰，所以一定要用防风罩降低风噪。

3）灯光设备

灯光设备并不算日常视频录制的必备器材，但灯光设备对于视频拍摄却很重要，如果想要获得更好的视频画质，灯光设备必不可少。

为了保证画面的亮度，我们在拍摄视频的时候一般都会用到补光灯。预算低的话，使用反光板就可以搞定，缺点就是携带不方便。如果预算允许，建议使用补光灯，其价格不高，可以手持，也可以直接组装在拍摄设备上，非常方便。图 4-30 所示为补光灯。

图 4-30　补光灯

4）稳定设备

视频拍摄对稳定设备的要求非常高。视频拍摄时不能一直手持拍摄，必须借助独脚架、三脚架或者稳定器。图 4-31 所示为三脚架与手持稳定器。

图 4-31 三脚架与手持稳定器

如果要求不高,大部分摄影用的独脚架和三脚架都可以胜任。

现在的稳定器材非常多,大致可以分为手机稳定器、微单稳定器和单反稳定器(大承重稳定器)。

对于稳定器来说,要考虑两个因素:一个是稳定器能否根据我们使用的相机型号进行机身电子跟焦,如果不能,要考虑购买跟焦器;第二个是稳定器使用时,必须进行调平操作,虽然有些稳定器可以模糊调平,但是严格调平后使用效果更好。

除了设备之外,短视频拍摄需要实操练习,涉及很多操作类技巧,需要结合具体的场景才能更好地掌握,拍摄时可以根据场景需要选择适当的拍摄技巧。

2. 短视频拍摄技巧

1) 重心左移

画面构图要遵循屏幕构图原则。以抖音为例,点赞、评论、转发和头像都要集中在屏幕的右侧,屏幕下方要有内容制作者的账号 ID 和标题,这就要求创作者在拍摄时尽量把画面重心往屏幕的左上方移动,避免影响画面的完整表达。图 4-32 所示为抖音视频截图。

图 4-32 抖音视频截图

2）竖屏拍摄

竖屏的优势在于能够把画面聚焦于人物，也符合用户的观看习惯。图 4-33 所示为竖屏拍摄短视频的截图。

图 4-33　竖屏拍摄短视频的截图

3）拍摄构图

拍摄构图的方法包括黄金分割法、中心构图法、对角线构图法和三角形构图法等。以黄金分割法为例，被摄主体置于画面中的三分线上，能够使画面更加灵活，富有空间感。图 4-34 所示为横屏和竖屏的九宫格构图。

图 4-34　横屏和竖屏的九宫格构图

4）网格功能

构图时建议启用网格功能，以便把握整个画面的结构。图 4-35 所示为手机网格功能。

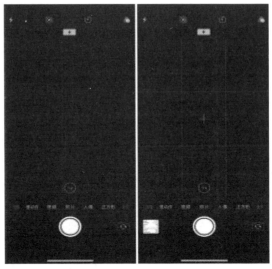

图 4-35　手机网格功能

5）光线布局

摄影是光影的艺术，好的光线布局可以有效提高画面的质量。室内拍摄时，可以通过灯光的组合来获取最佳的拍摄光线；室外拍摄时，除特殊拍摄需要之外，应尽量选择顺光拍摄，如果光线不够充足，可以手动打光。

6）背景和角度

拍摄时可以尝试多种灵活的拍摄角度，如将镜头从远处拉近、从近处拉远、斜着拍、逆光拍摄或者倒转镜头，力争让视频画面更加生动、丰富。

7）画面色彩

拍摄时，为了突出核心人物，要避免杂乱的背景对人物造成的干扰。

课堂讨论：通过个人体验，思考短视频拍摄中还有哪些技巧？

4.5.3　素材的加工

素材加工主要包括文字加工、图片加工以及视频加工3个部分。

1. 文字加工

文字加工就是在原有文字的基础上，对文字内容进行更加深入地考究和修正，一方面要修正文字中的错误，另一方面从语境词意上找到最恰当的表达方式。

古人云：言之无文，行之不远。能否进行有效的文字加工，决定着文章的质量，精彩的语言能使文章富有感召力和吸引力，从而更加有效地表达思想感情。

可以从以下几个方面对文字内容进行加工。

（1）锤炼语言。通过锤炼，使文章语言新颖脱俗、鲜明生动。

（2）描摹色彩。通过色彩描述增加文章的真实性，给人以身临其境的感觉。

（3）运用修辞。不同的修辞手法能带来不同的表达效果，巧妙地运用修辞手法，可以使文章更有感染力，使描写的事物更加生动形象，给读者留下丰富的想象空间。

（4）运用幽默的表达方法。各种幽默语的刻意营造，能增添文采，产生艺术魅力。

（5）巧妙引用。诗词名句大多文字洗练、寓意含蓄、内涵丰富、声韵和谐，有极强的生命力和时空穿透力。此外，引用精美的歌词、俗语、术语、歇后语也可使语言灵动鲜活，富有韵味。

想要文笔飞扬，绝非一朝一夕之功。只有平时广泛采集，锲而不舍地积累储存优美词语，下笔时精心运用，才能用手中生花的妙笔，描绘新生活，谱写新篇章。

2. 图片加工

对图片的处理和修改通常是通过图片处理软件来进行的，包括对图片进行调色、抠图、合成，对图片明暗的修改、彩度和色度的修改，对图片添加特殊效果、编辑、修复等。与图片处理类似的概念是图像处理，图像处理是对图像进行分析、加工和处理，使其满足视觉、心理及其他要求的技术。

常用的图片加工软件有很多，例如美图秀秀和 Photoshop 软件，如图 4-36 所示。

图 4-36　美图秀秀和 Photoshop 软件的图标

（1）巧用边框。一张普通的照片，如果加上适合的边框会变得更好看。"美图秀秀"软件有丰富的边框素材，种类多样且一键就能搞定。

（2）虚化背景，提升照片层次感。想要做出有层次感的照片，不一定需要昂贵的单反相机和专业的摄影技术，可以虚化背景，突出近景物体。当模糊背景时，要耐心地处理边缘，细节优化还可以借助于"磨皮祛痘"功能。

（3）拼接功能。能将若干张图片拼接成一张大图，增加内容表达的丰富程度。

（4）合理剪裁。如果不是专业的摄影师，拍照时可能没有考虑到构图的效果，但是后期处理时可利用"裁剪"的方法让图片构图更有意境。

（5）特效加持。一些流行特效的处理，比如经典滤镜，会让照片的意境更有感觉。

（6）局部彩色变化。局部彩色美化，可以让图片想要展示的部分更加突出，可以让图片更具有色彩冲击力。视觉震撼会让图片更具大片风采。

（7）人物美颜。人物美颜部分包括但不限于去除人物黑眼圈，使人物看起来更加精神；对人物进行美白加磨皮，提升肌肤质感；对人物进行磨皮祛痘，使细节更完美。

3. 视频加工

视频加工即视频剪辑，最基本的四个要素就是画面、声音、字幕、转场，很多剪辑软件都可以实现。VUE 和 Premiere 都是常用的剪辑工具，如图 4-37 所示。

图 4-37　VUE 和 Premiere 的图标

好的剪辑会让用户感觉不到剪辑的痕迹。剪辑有六个要素，分别为信息、动机、镜头构图、摄影机角度、连贯和声音。

（1）信息。信息就是通过镜头呈现给用户的内容，分为视觉信息和听觉信息。

（2）动机。镜头之间的切换、转场一定是有动机的。例如画面中的被摄对象陷入了回忆，此时的镜头应该切换到回忆的画面。

（3）镜头构图。通过调整被摄主体、周边对象和背景的关系，达到最佳的构图。

（4）摄影机角度。摄影师和剪辑师一定要考虑几个重要问题：摄影机该放在什么位置，画面中有几个人物，拍摄的主要对象是谁，如何展现人物的特点等。通过一系列的角度设置，获得最佳的效果。

（5）连贯。好的剪辑能够实现平稳连贯的效果，给观众提供行云流水的感觉。

（6）声音。对声音的剪辑有两个重要概念：对接剪辑和拆分剪辑，对接剪辑就是画面和声音的剪辑点一致；拆分剪辑是指画面先于声音被转换，保证画面切换更自然。

下面我们来了解一下视频素材加工的步骤。

1）剪辑前的准备工作

（1）熟悉素材及本期拍摄主题。

（2）准备设备。

（3）与有关人员进行协商。

（4）整理素材。

2）短视频剪辑的流程

（1）查看素材。

（2）找合适的音乐。

（3）初剪。

（4）精剪。

（5）加视频特效。

（6）配字幕及花字。

3）检查阶段

（1）检查画面。主要需要查看哪个地方的画面搭配不合适，是否有重复的片段。查看视频末尾是否有空白出现，视频是否出现丢帧的情况，检查字幕是否有错别字等。

（2）检查声音。从观众的角度出发，查看声音音量是否会给观看带来不适感。

4.6 内容产品发布阶段

新媒体内容产品编辑完成之后，可进行多种形式的发布。如果是在线发布成Web网站，则复制和发行过程为同一个过程；如果是发布成客户端，那么用户可以自己下载后安装使用。

通常情况下，不论是微信公众号的推文还是微博小红书，又或者是短视频，新媒体内容产品的发布流程大致如下。

（1）注册登录账号。

（2）进入内容发布界面。

（3）对内容进行编辑。例如图文内容需要对其图文进行排版，决定是否添加视频音频；短视频内容则需要上传视频并编写对应的文案。

（4）检查、审核内容，确保内容没有错误。

（5）发布内容。不同的内容形式以及不同的新媒体平台，内容发布的流程及具体操作都会有差异，需要结合具体问题进行具体分析。

课堂讨论：选择一个新媒体内容平台，简述其内容产品发布的具体流程。

4.7 本章小结

新媒体内容制作看似困难烦琐，实际上都有标准的流程和方法技巧可循。本章我们主要学习了在需求分析阶段如何完成市场需求调查、用户需求调查以及需求整理分析等问题；掌握了确定目标用户的方法，以及如何策划选题、内容设计、制作编辑、内容产品发布等相关阶段的工作内容和操作技巧。从新媒体内容制作的角度，全面了解了内容制作的流程和方法，为未来的内容策划工作奠定了基础。

第5章　新媒体内容的生产与创建

新媒体内容的生产与创建是具体内容创作的铺垫性工作，要求新媒体人员具有内容的构思与整合能力、内容持续创作能力、内容渠道的分发能力及内容持续传播能力，同时要求我们要形成自己的风格和品牌形象。

新媒体人员也一样，应该在内容生产与创建中形成自己独特的风格，培养用户的品牌认知，塑造属于自己的个性特征。

某公司的新媒体编辑招聘要求如下。

①负责官方微博及官方微信平台的运营与维护；
②负责线上活动的策划及配合落地执行；
③负责跨部门联络，维系客户，利用新媒体渠道完成内容推广需求；
④协助完成外采，并完成采访稿件的撰写工作。

那么，在新媒体内容生产与创建的过程中，内容创作团队的基础架构是什么？包含了哪些岗位？这些岗位又分别有哪些职责？内容生产有没有可以遵循的模型或依据？创建内容的方式或途径有哪些？

本章我们将围绕新媒体内容的生产与创建，解答上述这些问题。

5.1 内容创作团队的基础架构

俗话说"众人拾柴火焰高"，不论从设计构思的头脑风暴，还是撰写拍摄的制作环节，好的新媒体内容一定是依靠团队来完成的，团队是盘活内容资源的基础。

本节我们将对新媒体内容的类型进行划分，主要围绕新媒体内容创作的团队展开，即创作短视频的视频制作组、创作图文内容的新媒体编辑和视频直播的直播组，非内容创作一线的运营组、项目组、技术组等其他新媒体运营工种暂不涉及。

5.1.1 视频制作组

随着视频行业的火爆，视频内容成为了新媒体内容的重要组成部分。因此，在许多新媒体内容创作团队中，视频组已经成为最核心的团队构成部分。

视频制作团队的建立，要依照整个短视频的总体策划来进行。不同的视频制作团队对成员有不同的要求，不能一概而论。在选择制作团队成员的时候不仅要考察该成员的工作能力，还要注意成员与制作团队的理念是否符合，同时也要对资金的消耗加以考量。

视频制作包括前期策划统筹、剧本脚本撰写、中期拍摄、后期剪辑等复杂的工作流程，因此视频组内也存在明确的分工。这种新媒体视频组的内部组织架构与电视节目、大型传媒公司里的视频团队相似，但是相对来说更加简洁。

新媒体视频制作组大致划分为策划、编剧、导演、摄像、演员和后期这六个部分，如图5-1所示。

图 5-1　新媒体视频制作组架构

1. 策划

策划是新媒体视频制作的第一个环节，依据所负责的策划的工作不同，可以细分为内容策划、统筹策划等。

1）内容策划

内容策划作为新媒体视频制作的最重要的角色之一，一定要具备"有网感的能力"，即能快速地捕捉热点，了解热门段子并进行创作。

目前市场上的新媒体视频制作大多是垂直品类。首先要确立自己的团队要做的是哪个方向的短视频，比如生活、美妆、旅游还是科技。确定好拍摄方向后，还需要明确从哪些层面开展工作。例如科技类视频，需要具备相关科技知识的内容策划团队，去规划内容的整体基调和方向；营销"带货"类视频，需要针对品牌方或广告商的需求进行内容策划，结合相关产品特点打造专业度较高的视频。

2）统筹策划

统筹策划则需要整体把握新媒体视频的制作工作，该岗位包含以下五项工作职责。

①负责内容事业部门的整体规划、运营及管理，定制策略以及流程优化；

②负责公司常规节目和特殊项目的统筹管理，对各类节目和新媒体平台的内容选材做方向性的把握；

③负责内容运营日常工作的管理及总结，优化整体的工作流程以及内容的审核标准；

④策划运营活动，协调内部资源与活动的推动执行；

⑤与业内媒体合作，提高知名度及专业度，获取更多的外部环境资源。

图5-2所示为抖音短视频视频拍摄工作计划表，这是统筹策划的工作成果。

抖音短视频视频拍摄工作计划													
序号	项目分类	细分事项	完成标准	负责人员	辅助人员	完成时间	2020年4月						
							7	8	9	10	11	12	13	14	15
1	视频拍摄前期筹备	脚本/文案	提炼产品亮点,形成完整拍摄文案			4月8日									
		设备准备	公司产品、手机、手持防抖架			4月10日									
		拍摄场景准备	将产品搬至展厅拍摄,清理周边环境及闲杂人员			4月10日									
		拍摄人员分工	确定演员、配音员、拍摄人员			4月9日									
2	视频拍摄现场工作	调试拍摄环境	①调试光线,避免场景太暗或曝光严重 ②调试产品及演员拍摄角度 ③清理现场,避免杂物			4月11日									
		现场拍摄	依据已确定拍摄脚本文案拍摄完整视频												
3	视频后期剪辑	剪辑视频,形成完整宣传视频	①依据脚本,剪辑拍摄视频,加片头片尾 ②视频配音 ③音频与已剪辑视频合并后,导出最终版本			4月15日									

图 5-2　抖音短视频视频拍摄工作计划表

2. 编剧

编剧是指主要以文字表述的形式完成节目整体设计的人员。编剧既可原创故事,也可对已有的故事进行改编(个别须获得授权)。一般创作好剧本后,编剧会将剧本交付导演审核,若未通过审核,则可与导演一同进行二次创作(剧本的修改权归编剧所有)。

新媒体视频的编剧需要负责原创短视频系列内容的创作,包括剧本创意、背景音乐选取、广告创意、协调后期制作等;能抓住公众或媒体的关注点、喜爱偏好的变化,剧本创作前期能对剧本素材和题材进行整体评估、筛选;能够改写成型的剧本,输出独立原创剧本;了解短视频平台,关注流行趋势和业内热点,根据市场需求与受众喜好,实时调整、改进节目创意策略。

除此之外,有时新媒体视频编剧还需要担起内容营销工作的担子,为品牌、产品及内容营销而进行创作。

值得注意的是,新媒体视频编剧的岗位中还有一个细分的职位——脚本编剧,有时也称作脚本策划。

脚本指的是拍摄短视频作品时所依据的文案。团队中负责脚本策划的成员不仅要有较高的文学素养,同时还要充分了解观众的需求。脚本是整个短视频作品中最重要的灵魂,为整个短视频的内容以及观点奠定基础。一个好的脚本可以令短视频有更加丰富的内涵,引起观众强烈的共鸣。

脚本是整个视频最重要的灵魂,一个好的脚本策划不仅能写出一个好的故事,还能给出所需的道具、布景以及演员选择的标准,让其他工作人员了解该短视频作品的内核,最大限度地保证作品的整体性。

3. 导演/编导

导演,是指制作影视作品的组织者和领导者,是用演员表达自己思想的艺术家,是把影视文学剧本搬上荧屏的总负责人。作为影视创作中各种艺术元素的综合者,导演的任务是组织和团结剧组内所有的创作人员、技术人员和演出人员,发挥他们的才能,使众人的创造性劳动融为一体。

导演类似团队的最高指引者,一部影视作品的质量,在很大程度上取决于导演的素质与修养;一部影视作品的风格,也往往体现了导演的艺术风格和性格特征,更能体现出一名导演的价值观。

新媒体视频导演又被称为新媒体视频编导,其主要职责如下。

①根据新媒体内容的定位,参与视频内容的策划,审查策划文案或脚本的质量;

②组织录制与拍摄,精准把握节目创作的方向,有效把控现场;

③跟进后期制作,督促并协调配合后期工作;

④监控制作全过程,保证节目按时、按质、按量顺利完成。

4.摄像

短视频拍摄对摄影师有专业的要求。除了对画面构图、光影色彩的把控和影像的清晰程度有一定的要求之外,摄影师本身的审美高度也是关键。

一个好的摄影师可以提升整个短片的效果,即使是简单的画面也能拍出不同的感觉。摄影师必须充分了解拍摄脚本,在最短的时间内,通过镜头突出主题,将内容准确地传达给用户。一个好的摄影师可以提升整个短视频的效果。

摄影师主要对拍摄负责,但是在前期还会涉及摄影棚的搭建和视频拍摄风格的设定等工作。图5-3所示为正在工作的摄影师。

图5-3 正在工作的摄影师

对短视频而言,其特性要求摄影师对拍摄的脚本必须有足够的了解。短视频时长极短,要求摄影师必须在最短的时间内通过镜头突出该短视频的主题,只有这样才能将其想要表现的内容准确地传送到观众面前。想要主题突出,可以采用虚实对比等方法,这对摄影师的摄影技巧有较高的要求。

新媒体视频摄影师的主要职责如下。

①与导演沟通,按导演制定的拍摄方案开展工作,如确定素材、依据的脚本分镜头等;

②负责公司视频类项目的拍摄工作,把控现场的基调;

③负责节目的策划创作、采访拍摄、编辑制作与播出;

④负责摄像的颜色、构图、灯光和镜头处理等达到最佳状态,完成高质量画面的摄制,完成拍摄后素材的整理备份;

⑤负责摄像设备的维护,保证机器正常使用。

5. 演员

演员，指在表演艺术中扮演某个角色的人员，或参加戏曲、电影、电视剧、舞蹈、曲艺等表演的专业人员。在表演风格上，一般可分为本色演员和性格演员两种。

新媒体视频中对演员最主要的要求是颜值，当然也有一些特殊情况，但颜值高一定是加分项。"颜值高"包括的范围很广，例如男俊、女美、宠萌等。除此之外，演员的表现力一定要强，愿意展示自己。

图 5-4 所示为短视频演员。

图 5-4　短视频演员

新媒体短视频演员的职责如下。

①根据短视频脚本，配合编导，完成短视频的演绎；

②根据角色需要，能够尽快投入角色，完成短视频制作；

③参与短视频脚本的选题策划。

6. 后期人员

后期人员通常包括剪辑师、特效师等，该职位人员不仅要掌握一定的剪辑技能，还需要详细了解前期的准备工作。后期人员对景别的选用是必备的技能，在景别的选用上要符合短视频剧情的要求。在剪辑过程中，要加强与策划人员和摄影师的沟通，充分了解镜头语言想要表达的内容。

虽然后期人员主要对最后的成片负责，但也要参与策划的整个过程，因为这会影响到后期的剪辑和包装。

后期其实是一个二次创作的过程，意味着后期人员不仅要理解摄影师想要表达些什么，还要充分了解观众想要看到些什么。一个好的剪辑师在剪辑过程中必须要抓住观众的"痛点"，运用剪辑技巧，在最短的时间内抓住观众的眼球。

短视频作品最好在开头就能快速切入正题，引出矛盾，掌控节奏。前期素材准备好以后，短视频的制作就进入到了剪辑阶段。

图 5-5 所示为短视频的后期工作场景。

图 5-5　短视频的后期工作场景

新媒体短视频后期人员的工作职责如下。
① 负责短视频的剪辑、包装等后期工作，同时参与二次创作；
② 独立完成短视频的剪辑、合成、制作，熟练运用镜头语言；
③ 短视频的素材整理、存档及使用管理；
④ 协助前期的拍摄工作。

新媒体视频制作团队的具体工作需要根据情况分配。不一定每个类别都必须有专人负责，如果团队成员所掌握的技能可以达到身兼数职的水平，则可以大大减少人头费的支出。一般而言，小的短视频团队 3～4 人即可，甚至有些短视频最初只由一个人拍摄制作。对一些专业团队来说，在拍摄环节还包括灯光、录音等工作的分工。

视频制作组的搭建，可以分为三个等级，具体内容如表 5-1 所示，大家可以视情况进行选择。

表 5-1　视频制作组搭建的三个等级

高配置	中配置	低配置
策划	内容运营	自编自导自演自拍自剪
编剧		
导演		
演员	演员相关	
化妆		
服装		
道具		
摄像	视频制作	
灯光		
录音		
后期		

课堂讨论：思考新媒体内容视频制作组与电影电视视频制作组有哪些不同。

5.1.2　新媒体编辑组

新媒体编辑是新媒体图文内容的主要生产团队，这个团队的岗位包括主编、选题编辑、文案策划和执行编辑等岗位，这些岗位之间也会根据团队的具体情况而存在工作内容和职责相互交叉的情况。

1. 主编

主编负责新媒体账号的定位（账号属性、角色定位）、平台分布、发布频率和行业研究等，负责账号内容的阶段性规划，并对阶段性结果进行总结、评价和调整。

一个能把内容做好的编辑是否可以成为主编，取决于他的系统能力。由于内容的营销发展尚不成熟，有的传统的市场人员对平台比较熟悉但内容的生产能力很弱，有的做内容的人员内容生产能力较强但对平台的敏感性较差。两者相比较，那些对平台较熟悉、对用户较敏感的人员做好内容营销管理的概率更高，因为内容是否优秀可以用数据和与竞争对手的比较结果来检验，但如果对平台不敏感会直接导致市场份额下降，后续的弥补成本很高。

案例　某教育平台的新媒体内容主编招聘启事

岗位职责

（1）根据部门战略制定"XXX师训讲堂"的整体栏目内容策划，以及在新媒体终端（含自媒体平台微信、微博）进行内容的选题、执行、出稿及质量管理等，制定内容的整体规划和工作流程。

（2）把握平台的用户需求，根据自媒体平台的发展，策划、组织、推广线上及线下的活动，并进行分析和效果评估。

（3）组织并协调部门人员，根据市场定位和阶段性要求，保证新媒体各栏目的内容执行到位。

（4）随时关注市场需求、行业动态及热点话题，定期组织并实施受众调查，了解市场和受众需求及相关新媒体终端的动态。

（5）协同部门同事及相关市场部门进行"XXX师训讲堂"的新媒体推广工作。

任职要求

（1）具备3年以上新媒体运营工作的经验；具有本科及以上学历，有新闻、中文、教育相关专业背景的优先。

（2）具备极强的新闻敏感度、市场洞察力，关注新媒体最新发展趋势，熟悉新媒体内容生产的流程。

（3）有较强的文字功底，具备一定的创意、策划、执行能力，具有一定的审美能力，能独立进行栏目内容的策划和文字编辑。

（4）具备一定的英语读写能力，能在英文网站收集素材和查找信息。

（5）具备良好的统筹规划能力、创新能力和抗压能力，具备优秀的组织能力，擅长团队管理与激励。

图5-6所示为某教育平台的新媒体内容主编招聘启事。

图 5-6　某教育平台的新媒体内容主编招聘启事

2. 选题编辑

创作、生产精品内容是新媒体永恒的主题。选题策划是新媒体内容制作的源头，选题至关重要。在新媒体时代，面对受众选择多元化、媒介消费碎片化、数字出版个性化的趋势，选题策划能否做精、做优是一个自媒体账号在激烈竞争中能否立于不败之地的决定性因素。

选题直接决定了内容的吸引力、用户的阅读兴趣和互动频率，是用户纳新、激活的重要保障。新媒体选题编辑要根据账号定位和平台特点决定选题，根据受众特点和平台特点决定内容形式。

每个团队的选题编辑应是该团队的灵魂。主编按照固定的时间召开选题会议，对不同团队的选题、同一个团队的不同选题进行把关，确保内容在可投入的资源和目标用户发展目标之间恰当平衡。

3. 文案策划

新媒体文案岗位是文字输出岗位，要求文字功底好，有创意，对热点有嗅觉，最好在事件营销传播方面有成功的案例。

新媒体文案策划的工作职责如下。

①清楚项目目标，快速了解客户需求，并密切与相关协同部门合作，提供快速、精准、精彩的案头支持；

②负责宣传推广文案及宣传资料文案的撰写；

③负责创意内容撰写，为线上活动、广告传播、线上公关稿件撰写相关的文案内容；

④沉淀创意产出和内容撰写的经验，形成知识管理，供其他项目借鉴。

4. 执行编辑

执行编辑根据选题编辑的要求，完成内容的制作、发布，与用户互动；利用可以整合的资源进行推广，吸纳新用户，增强用户的黏性及互动性。

案例　某旅行美食自媒体的新媒体执行编辑招聘启事

工作内容：

（1）负责某旅行美食微信公众号、知乎专栏等新媒体的文案策划和编辑。

（2）与内容编辑共同完成新媒体的内容策划，协助有关人员收集相关资料并组织稿件。

任职要求：

（1）大学本科及以上学历，英文流利。
（2）对各类精品酒店、美食、音乐等有浓厚的兴趣，能够深入浅出地介绍各种主题旅行的知识。
（3）有饮食类或旅行类文字工作及管理经验者优先。

图5-7所示为某旅行美食自媒体的新媒体执行编辑招聘启事。

新媒体执行编辑（旅行美食… 8k-10k
上海 / 经验1~3年 / 本科及以上 / 全职
音频 ｜ 视频媒体

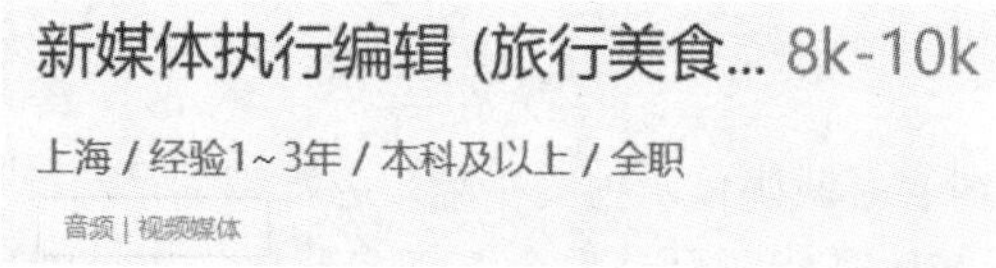

图5-7　某旅行美食自媒体的新媒体执行编辑招聘启事

5.1.3　直播组

随着直播行业的兴起，电商直播等直播形式的出现，推动了人们线上购物方式的变革。

一场好的直播就像拍电影一样，只有前期做好充足的准备与规划以及合理的分工与配合，才能让观众在观看的同时产生强烈的代入感。

图5-8所示为直播组的分工。

图5-8　直播组的分工

策划的工作内容包括主题的确立，脚本和福利的规划。直播策划人员需要根据主题确定产品、开播时间、持续的时长，还要针对不同的粉丝属性和分层制定不同的福利方案。

协调则是除了掌握节奏、控制现场、处理突发问题外，还要与公司内部其他部门做好沟通和配合。

实施就是执行，需要把整个方案执行落地，需要跟粉丝互动，还要树立店铺和打造个人IP。

了解了直播工作的内容划分后，再来看一下直播间人员的配置。直播间内容生产的岗位有运营、场控、主播、副播、直播助理、品控／选品、商务和直播间客服等。

1. 运营

首先，直播运营要先规划直播的内容，确定直播的主题，确定其是日常直播还是官方活动直播。要根据主题匹配货品和利益点，规划好开播的时间段、流量、流量的来源、直播的规则等。

其次，直播运营要注意团队协调，其中包括外部协调，如封面拍摄、设计制图、产品抽样、奖品发放、仓库部门的协调等；还有内部协调，如直播人员的关系情绪、直播时间以及直播期间出现的问题等。

最后，要及时复盘，复盘是指工作完成后，根据部门人员配合的表现及消费者反馈的数据，针对前期制定的方案和目标进行详细的数据复盘，进行恰当总结、给出合理建议。

2. 场控

场控人员在开播前要对相关的软硬件进行调试。

开播后，场控人员要控制好中控台所有的操作，包括直播推送、公告、上架宝贝等；还要监测好实时在线人数的峰值和商品点击率等。如有异常要及时反馈给直播运营人员。

最后是指令的接收及传达，如直播运营人员有传达的信息时，场控人员就要及时传达给主播和助理，让他们去告诉观众和消费者。

3. 主播

在开播前，主播要最大程度地熟悉整场直播的节奏、产品特性、脚本、利益点等细节。只有这样，主播在开播之后才能相对流畅地介绍产品，个人的转化能力才能提升。

在直播过程中，主播要注意活跃直播间的气氛，做好对粉丝的答疑工作，促进粉丝之间的互动，引导新粉丝的关注，并时刻注意自己在镜头前的表现。

直播结束之后，通过店铺的其他渠道展示产品，也是很重要的，如利用店铺主图、店铺首页海报、店铺群等渠道展示产品。主播需要提升个人的曝光度，增强个人的形象塑造和影响力，这样可以有效增加粉丝的黏性。

4. 副播

副播可以理解为主播的帮手，在直播时协助主播展示产品，协助主播完成当天的直播。

同时，副播还要在直播前期做些准备工作，给出货品规划意见，熟记完善卖点，完善脚本对接；负责活跃直播间气氛，与粉丝互动，确保不冷场，促进客户下单；负责直播间相关活动的策划和配合，直播后配合有关人员汇总运营数据及进行分析反馈。需要注意的是，副播和直播助理存在一定的工作交叉。

图 5-9 所示为主播和副播正在直播。

5. 直播助理

直播助理这个岗位比较偏向辅助性。

开播前需要确认货品、样品以及道具是否就位。

直播过程中要配合场控人员协调主播,在观众人数比较多的时候,协助主播进行互动答疑、讲解产品以及整理货品等工作。

图 5-9　主播和主播助理正在直播

6. 品控/选品

品控/选品人员需要根据业务的需求,负责商品的选择、开发、入库,挖掘符合关键意见领袖需求的商品(选品),分析和选定适销产品;完成产品信息采集、业务流程和规则等的合作对接,并保持合作健康稳定;还要分析用户和市场潜在的消费趋势,开发爆款网红产品,并且能够利用互联网电商、直播电商的商品运营手段,策划商品销售活动。

7. 商务

商务主要负责直播间的相关商务工作。包括(但不限于):搜集并分析网络红人、竞品的信息,与网络红人或相关负责人建立商务联系,关注直播行业的动态和走向;负责拓展与各直播渠道的主播或多频道网络平台进行带货合作的业务,包含(但不限于)淘宝、抖音、快手等,并协助主播或平台完成相应的销售目标;与网络红人或关键意见领袖合作招商,完成网络红人招商过程中的品牌介绍、商务沟通、合同签订、直播准备等相关工作;维护网络红人的关系,建立长久合作关系;维护平台关系,获取更多资源;及时复盘投放的结果,基于数据分析投放的效果,对投放策略提出优化的建议。

8. 直播间客服

直播间客服主要负责直播间内容与客户相关的工作,包括(但不限于)负责网店现场的视频,积极与观众和粉丝互动;协助项目的策划、组织、准备和气氛调整;负责网络直播间粉丝的维护;负责寻找外界高净值的客户并将其引流到直播间等。

课堂讨论:你认为你更适合从事新媒体内容创作中的哪个岗位?为什么?

5.2 内容生产的品类模型

不管用何种定义方法,新媒体内容生产均可以大致分为知识品类内容模型、应用品类内容模型、分析品类内容模型、综合品类内容模型、评价品类内容模型和灵感品类内容模型6种。

内容生产的决定因素是目标和自身所拥有的资源,其中,资源包括人力资源和传播资源等。这些因素决定了内容的结构安排和所生产的内容品类。

5.2.1 知识品类内容模型

新媒体知识品类内容模型又可以细分为信息型内容和问题型内容。

1. 信息型内容

信息型内容可以概括为"什么是",它是一种常见的新媒体内容类型。它针对某个主题提供信息,可以为某个事物下定义,也可以针对该主题的某些方面做更详细、更深入的解说。

图 5-10 所示为短视频平台的信息型内容。

图 5-10 短视频平台的信息型内容

2. 问题型内容

问题型内容可以概括为"为什么"。"为什么"是人们在日常生活中经常使用的词,通常和某个事物搭配使用,它表示人们正在为他们遇到的某个问题寻求帮助。问题型新媒体内容有些类似于评论型内容,但更多的是客观地解释某一现象。

图 5-11 所示为短视频平台和微博平台的问题型内容。

图 5-11 短视频平台和微博平台的问题型内容

5.2.2 应用品类内容模型

应用品类内容模型分为指导型和列表型两种。

1. 指导型

指导型内容主要指"如何做",告诉人们如何做某些事情。它所提供的建议或教程类文章非常受欢迎。人们在互联网中搜索的主要目的就是为了解决某个问题而寻求帮助,善于回答这些问题,就能吸引相当不错的流量。

图 5-12 所示为小红书平台的指导型内容。

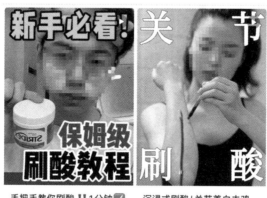

图 5-12 小红书平台的指导型内容

2. 列表型

列表型内容最常见的方式就是列表,例如《中国十大最冷地方排名》《光明十大好玩的地方排行》等，这种新媒体内容制作起来比较容易，并且在用户中也普遍受欢迎，还能经常被分享。图 5-13 所示为微信公众号的列表型内容。

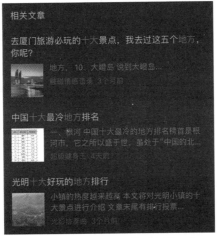

图 5-13　微信公众号的列表型内容

5.2.3　分析品类内容模型

分析品类内容模型主要表现为内容的比较，可以简单理解为"哪个好"。生活中很多时候需要做二选一或多选一的选择。例如面对几家同类型的餐厅，我们将选择哪一家进餐；面对几个不同品牌的连衣裙，你选择买哪一个等。

我们可以通过新媒体的内容来比较两种或多种事物，权衡他们各自的利弊。从某种意义上来说，这也属于评论型内容，但范围相对更广一些。图 5-14 所示为小红书平台的分析品类内容。

图 5-14　小红书平台的分析品类内容

5.2.4　综合品类内容模型

综合品类内容模型可以分为 3 种类型，即研究型、引用链接型和考据型。

1. 研究型

研究型内容是指进行深度研究的内容，这种新媒体内容需要花费大量的时间去制作，但如果能得出有趣的结论或者有价值的结果，这么做将非常值得。通过适当的图表和有价值的数据把你的研究结果呈现出来，就会有越来越多的该领域的作者引用或者链接这些内容。

图 5-15 所示为微信公众号平台的研究型内容。

图 5-15　微信公众号平台的研究型内容

2. 引用链接型

引用链接型内容是指当用户在某个网站或博客里发现了不错的文章后，在自己的博客文章里发布一个指向它的链接。除了链接，自己的博客文章可能还会包含一段说明、本人对该问题的看法，或者一段原文的摘录。加入自己的看法能让内容更具独创性，对读者的帮助更大。

除此之外，一些电商类型的短视频中会加入购物车链接，也属于该类型的内容。

图 5-16 所示为短视频平台的引用链接型内容。

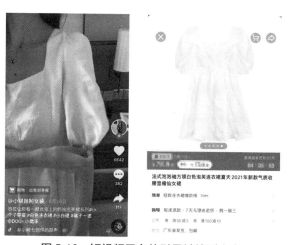

图 5-16　短视频平台的引用链接型内容

3. 考据型

考据型内容是指经过综合整理后的内容，是研究型和引用型内容的组合。

选择一个有价值的话题，然后调查他人对此话题的看法，然后把每个人的意见汇总整理，由整理者根据自己的意见进行整合，最后得出综合的结论。这种类型的内容通常很受用户的欢迎。

5.2.5 评价品类内容模型

评价品类内容模型可以分为评论型、批评型和谈论型 3 种。

1. 评论型

评论型新媒体内容通常可以概括为"怎么样"。

对任何一种事物的评论几乎都能在互联网上找到，其观点和角度各异。你可以对新媒体内容给出客观公正、颇有见地的意见，并可以征询其他用户的看法。一些评论型新媒体内容会有非常高的活跃度。

2. 批评型

批评型新媒体内容通常可以概括为"这不好"。

只有良好的、具有建设性的批评型新媒体内容才能在他人心中有效地留下印象。人们乐于听到不同的观点和主张，即便他们可能并不赞同，但只要你的内容见解深刻、富有建设性而且语气谦恭。这样有助于提高你在领域内的声誉。图 5-17 所示为小红书平台的批评型内容。

图 5-17 小红书平台的批评型内容

3. 谈论型

谈论型新媒体内容通常是指聊天行为。

一些自媒体账号有时没有什么内容可制作，那就可以通过访谈的形式找其他人来帮你说。一到两个合适的问题交流就能让你的账号得到良好的关注，也会给粉丝带去相关专家的意见，也能让你自己从中学到东西。这也是一些直播间邀请嘉宾的原因。图 5-18 所示为直播间邀请明星做客，属于谈论型新媒体内容。

图 5-18　直播间邀请明星做客

5.2.6　灵感品类内容模型

灵感品类内容模型可以分为 4 种，分别是启迪型、人物故事型、读书观影型、回顾与预测型。

1. 启迪型

启迪型内容通常指用来启发励志的相关元素，可以讲一个成功者的故事，也可以描绘未来的美好愿景。人们总是喜欢听自己领域内的美好故事，因为这可以激励他们继续自己所从事的事业。图 5-19 所示为微信公众号的启迪型内容。

图 5-19　微信公众号的启迪型内容

2. 人物故事型

人物故事型内容通常指"看任务，讲故事"。

选择一个有特点的人物，对其进行研究后将成果展示给粉丝，并指出他是如何取得现在的成就的，描述他所具有的特征。

选择一个有意思的故事，通过讲故事的方式给粉丝提供某些经验和建议。该类型内容模型通常都附带有实践方面的建议。

图 5-20 所示为短视频平台的人物故事型内容。

图 5-20　短视频平台的人物故事型内容

3. 读书观影型

读书观影型内容通常指"读书、观影、看天下"。对书籍及影音资料中的信息进行摘要、分析、总汇，以简单易懂的形式整理在一起，并附带自己的观点及评价。图 5-21 所示为短视频平台的读书观影型内容。

图 5-21　短视频平台的读书观影型内容

4. 回顾与预测型

回顾与预测型内容主要指"回顾过去，预测未来"。

每年的年末或年初我们都会看到大量这种类型的新媒体内容，人们会回顾过去发生的事情，也会展望未来。例如，在你所处的行业中挑选一件可能会发生的事情，然后就结局进行推理，并预测某个领域会有什么样的发展。图 5-22 所示为微博平台和短视频平台的回顾与展望型内容。

图 5-22 微博平台和短视频平台的回顾与展望型内容

课堂讨论：你认为图文、短视频、直播这三种题材分别更适用于哪些新媒体内容生产品类模型。

5.3 创建内容的方式

创建新媒体内容的方式主要分为三种，即独立创建内容、委托专业团队创建内容和二者结合创建内容。前两种创建内容的方式非常好理解，我们重点解释第三种内容创建方式，即独立创建与委托专业团队创建相结合的方式。

例如我们打造了一个美妆自媒体账号，在选材、内容等方面都表现得十分出色，随着短视频的兴起，我们需要跟上时代的脚步，打造美妆短视频。但是，团队中并没有短视频制作的专业人员，产出的短视频内容质量很可能不高。那么，我们就可以主做内容，将短视频的制作工作委托给专业的团队，提高整体内容的质量，弥补我们的生产"短板"。

随着新媒体时代的到来，企业新媒体营销的方式也越来越多样化、专业化、系统化、战略化，竞争也越来越白热化，企业如果没有专业的人员对新媒体进行操作管理，没有高效的营销策略，是很难和其他商家抗衡的。专业的新媒体托管公司是由专业的网络推手、专业的文案策划、资深的美编以及专业的维护人员组成的。

专业的企业新媒体托管公司具备专业的团队，专业的团队会在最短的时间内分析市场需求，根据企业产品的优势进行精准的市场定位，进行推广；能够在最短的时间内了解客户，并作出详细的操作方案。

我们选择什么样的内容创建方式主要取决于两个核心因素，一是我们的内容生产能力，二是推广资源的充沛程度。

我们是选择自己生产内容还是委托专业团队进行运营，这取决于对自有团队内容生产能力的评估。无论推广资源量是多还是寡，如果自有团队不具备系统的内容生产和运营能力，都应果断采取委托生产的方式。

课堂讨论：你认为新媒体内容创建的三种方式各有哪些优缺点？

5.4 本章小结

本章通过学习新媒体内容策划的相关内容，帮助读者了解了新媒体内容创作团队的基础架构、新媒体内容生产的品类模型以及创建新媒体内容的方式，使读者充分掌握新媒体内容生产与创建的相关知识，为后续新媒体内容策划工作打下基础。

第6章 新媒体内容的包装与推广

在前面的章节,我们已了解到新媒体内容制作主要指的是通过原创、编辑、组织等手段,围绕自己的产品,在新媒体平台输入用户需要的或是感兴趣的高质量内容。

但在实际操作中,我们又发现,好的内容不一定就能被观众看到,质量稍差的内容通过一定的手段也能获得较好的流量。

那么,这是为什么呢?

通常情况下,这与内容的包装、推广密不可分。

本章我们将从内容的包装和推广的角度出发,学习如何通过包装、推广手段使我们的内容在制作和传播方面更上一层楼。

6.1 新媒体内容的包装

有了内容的基本原材料之后,就要把它制作成更有含金量的产品,推送到用户面前,促进业绩增长。

6.1.1 新媒体内容元素

新媒体内容由诸多元素构成。

1. 文字

文字是人类用来表意的符号,是记录、表达信息以使信息传之久远的工具,是构成内容的基本元素。编辑文字时可以通过加粗、倾斜、改变颜色、改变字号、添加背景、改变间距、分段等方式助力内容的表达效果。

在此以新媒体内容排版中文字的字体及其大小和颜色为例进行具体讲解。

通常来说,新媒体内容中文字的大小为:标题 16px、正文 14px、标注 12px。

文章中除了图片,正文所用文字的颜色最好不要超过 3 种,颜色太多会使内容显得杂乱;不要选择饱和度太高的颜色,即太鲜艳的颜色,此类颜色会让你的内容显得廉价刺眼,对读者的情绪也有一定的影响。文章中要选用一种颜色作为主题色,可在标题、重点内容、二维码、头像、顶部或底部起到引导的作用。正文的颜色不建议用纯黑,纯黑在手机上会显得刺眼。另外,还有标注,标注一般有引用内容、注释、声明等。此类内容一般用 #888888、#a5a5a5 等颜色。

在"红、绿、蓝"颜色空间中，#3f3f3f 由 24.71％红色、24.71％绿色和 24.71％蓝色组成，十进制红色值为 63，绿色值为 63，蓝色值为 63。在印刷色彩空间中，它由 0.0％青色、0.0％品红色、0.0％黄色和 75.29％黑色组成。最接近的网页安全颜色是 # 333333。

图 6-1 所示为颜色 #3f3f3f 及相关参数。

图 6-1　颜色 #3f3f3f 及相关参数

2. 符号

符号一般和文字结合使用，也可以单独使用，使用得当，会有意想不到的效果。符号包括很多种，例如最常见的是标点符号，还有数学符号、罗马符号等。

例如一连串的感叹号，可以表达"震惊""惊讶"的情绪，也表达强调、重点的含义，促使用户将注意力投到你的内容中。图 6-2 所示为某微信公众号的推文标题"强推！无一处不妥帖的古言！"其中两个感叹号起到了强调的作用，即向用户强调两个内容，第一是"强推"，指这是一篇好文，获得本公众号的强烈推荐；第二则是"无一处不妥帖的古言"，指推荐此文章的理由。两个感叹号置于题目中，充分表达了强调的意味。

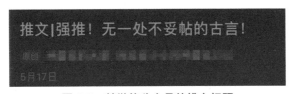

图 6-2　某微信公众号的推文标题

随着互联网的发展，如今的符号还包括颜表情和其他表情符号等，这些符号为内容表达带来了更大的发挥空间。

图 6-3 所示为部分 emoji 图标。

图 6-3　部分 emoji 图标

3. 图片

图片是新媒体内容中除文字外使用率最高的元素，按形式可分为动态图片和静态图片，按内容可分为产品类图片、情感类图片和步骤类图片。通常情况下，图片要清晰、美观，能够帮助文字对内容进行更全面或更深层次的表达。

图 6-4 所示为情感类图片和步骤类图片。

（a）情感类图片　　　　　　　　（b）步骤类图片

图 6-4　情感类图片和步骤类图片

4. 表格

制表软件可以完成输入、统计、分析等多项工作，可生成精美、直观的图表。表格的基本功能是对数据进行记录、计算与分析。一张小小的表格里往往蕴含着巨大的内容，善用表格能使内容看起来更专业、简洁、明了。

图 6-5 所示为年度销售数据对比表。

年度销售数据对比						
省份	销售员	第一季度	第二季度	第三季度	第四季度	合计
江苏	王天	5200	4500	4200	3500	17400
浙江	李小林	4300	3500	4000	2900	14700
上海	小熊熊	2500	2900	3500	4000	12900
福建	天乐	3500	3355	3600	3900	14355
广东	安宁	2300	2300	2600	2900	10100
海南	上林	5500	5200	5800	5900	22400

图 6-5　年度销售数据对比表

5. 音频和视频

音频和视频是新媒体时代最具代表性的内容元素，也是表现力最强的内容元素。可以将音频和视频作为内容的主要元素，也可以作为辅助元素。不管哪种方式，都能大大提高内容的表现力和丰富度。

图 6-6 所示为某微信公众号的音频内容。

图 6-6　某微信公众号的音频内容

课堂讨论：你认为这些新媒体内容元素可以如何搭配？

6.1.2　首图 / 封面图：重中之重

以前一个博人眼球的标题就能吸引读者阅读，现在如果首图 / 封面图不够吸引人，或者画质模糊都会影响阅读率。不论是小红书、微博的多图首图，还是微信公众号的图文封面图、哔哩哔哩视频网站的视频封面图，用户看到的有关内容的第一张图显得尤为重要。

首图重在突出内容的要点和整体内容，图片内容则因人而异。

根据曝光量大的首图的经验，有以下几种常见的首图形式供大家参考。

1. 将重点内容放在首图中

例如小红书某原创视频作者推出自拍姿势合集，将 9 张自拍姿势以九宫格的形式融入一张首图中。这样既有信息量，也能保证图片视觉干净。

一些测评类、好物分享类视频也会将视频内出现的产品集合在一张图上，并作为首页图。图 6-7 所示为测评类视频的首页图。

图 6-7　测评类视频的首页图

2. 人物搭配产品展示

人物搭配产品展示的图片可以方便粉丝直接了解内容中的产品和使用效果。

图 6-8 所示为人物搭配产品的展示图。

图 6-8 人物搭配产品的展示图

3. 将产品特点最大化

除了直接放产品图片外,还可以将该产品最吸引人的一些特点标注在图中。

图 6-9 所示为产品展示图,并将一些产品特点或使用方式等重点内容标注在图中。

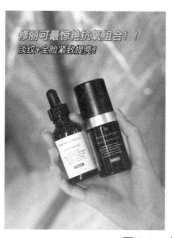 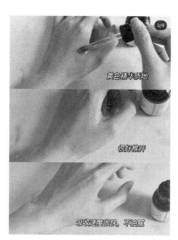

图 6-9 产品展示图

4. 对比图

常见的对比图有产品使用的前后对比、健身/减肥前后对比、穿搭对比等。通过对比,为用户带来视觉冲击,抓住眼球。

图 6-10 所示为对比展示图。

5. 单人出镜图

这类首图在穿搭、街拍、旅行类笔记中使用较多。

图 6-11 所示为单人出镜图。

图 6-10　对比展示图

图 6-11　单人出镜图

6.1.3　个性化的内容更容易被记住

对内容制作者来说，无论是小红书上的分享达人，还是微博的科普博主，个性化会成为塑造鲜明人设、与同质化内容做出区分的重要途径。

例如某博主有手绘技能，因此在分享拍照姿势的内容中，每个站姿图片右侧都配有一幅同样的手绘图，俏皮生动，如图 6-12 所示。

除了个人技能或特长外，个性化的辨识度也可以从长期的习惯中养成。

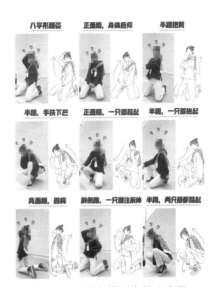

图 6-12　博主拍照姿势分享图

6.1.4 适当融入流行元素

适当融入当下平台流行的元素可以在一定程度上增加流量,换句话说就是"蹭热度"。

例如抖音短视频中,不同的时间段流行着不同的拍摄道具,越是使用热门道具拍摄的视频,被其他用户看到的概率越大,曝光率也就越高。

图 6-13 所示为抖音短视频的热门滤镜。

图 6-13　抖音短视频的热门滤镜

小红书在一段时间内,平台内也会有一些流行元素,比如最近的拼图、滤镜等。

目前,小红书平台内的试色类笔记中最流行的就是"三拼"或"四拼",拼得过多则重点难以被凸显,拼得太少则信息量不够。

拼图是为了让产品得以多角度、真实地呈现,但不是每个内容都适合"三拼"或"四拼",需要先尝试再确定。

图 6-14 所示为小红书的"四拼"和"九拼"口红试色图。

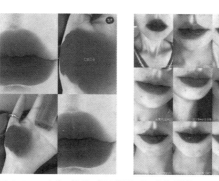

图 6-14　小红书的"四拼"和"九拼"口红试色图

6.1.5 真实状态下适当美化

以小红书为例,其一向用"真实、美好、多元"来形容它们的内容生态。与之前小红书图片被批评"滤镜太过""颜色失真"相比较,现在的小红书平台已有不少无滤镜、无美颜博主出现,包括一些素颜试色、试装等内容。图 6-15 所示为素颜、无滤镜口红试色分享图,该类型试色内容更加真实,更受粉丝信任和欢迎。

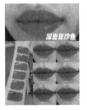

图 6-15 素颜、无滤镜口红试色分享图

博主们和网红培育机构运营者们都表示,如今"真实"的内容更容易获得用户的关注和平台推荐。另有业内知情人士表示,小红书并没有对内容进行干预,也不存在内容因为平台的喜好而被推荐。

据了解,"真实"是小红书提倡的方向,只有被用户喜爱的真实内容才能获得更多流量。那么,什么样的图片才是"真实"的?

只追求美观和调性而修饰过多的图片,甚至有可能被判定为有"广告"嫌疑的图片,并不能为内容带来流量加分。但完全不修饰,只强调图片的真实性也并不是理智的做法。

某网络红人分享了自己的经验,她的照片多数是在真实自然的状态下,巧妙利用光线拍出来的,这样的内容更容易被其他用户喜欢,所以她的照片会集中在下午2—5点钟拍摄。

因此,"美观"和"真实"是两个相辅相成的重要元素,在真实的前提下适当美化,是比较稳妥的做法。

课堂讨论:你认为"适当美化"的"度"在哪里?如何衡量这个标准?

6.2 新媒体内容推广

道格·凯斯勒在其《内容皮条客日记》一书中写道:"质量、相关性以及时效性,只影响内容成功率的 42%～67%,而另外的因素则是让受众'注意'。"有效的内容推广,才能让用户注意到你。因此,新媒体内容的推广势在必行。

新媒体内容的推广途径有 3 种:

(1)企业自媒体传播矩阵。

(2)通过关键意见领袖 / 平台合作进行推广(关键意见领袖的合作可以是订阅号这种直接购买文章位置,利用关键意见领袖的流量进行推广;平台合作,如抖音,可以以定制话题、视频模板等方式进行推广)。

(3)直接通过购买流量进行推广。

新媒体内容推广的技巧包括 3 种:构建自媒体传播矩阵、嵌入分享因子以及搜索引擎优化。

6.2.1 构建自媒体传播矩阵

自媒体矩阵是指将多个自媒体平台组合在一起，包括视频平台、音频平台以及图文平台，为同一个企业或者个人打造品牌，在内容输出时加入产品营销策略，相当于一个企业或者一个人同时运营多个平台。

图 6-16 所示为自媒体传播矩阵示意图。

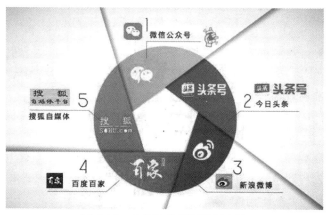

图 6-16　自媒体传播矩阵示意图

1. 构建自媒体矩阵的意义

1）建立自媒体矩阵之前，应先想到为什么要建立自媒体矩阵。

相对于单个平台的自媒体，自媒体矩阵更容易获得流量。

首先，多平台面向的用户群体增大了；其次，假如某潜在用户在甲平台看到了某个产品，有了初步的认识，到乙平台又看到了这个产品，那么他想要了解这个品牌和产品的具体情况的可能性就远远高于单平台的接触。

2）每个平台的推荐机制以及受众粉丝都有一定的差异。

同一篇文章发到不同的平台，收到的效果也会不一样。比如一篇文章发在微信公众号上，反响平平，甚至无人问津；但是在百家号上，这篇文章却有可能得到大量的推荐；虽然没有获得微信公众号上的流量，但得到了百家号的流量。所以，构建自媒体矩阵不仅增加了流量获取的渠道，也拓宽了流量池。

简而言之，自媒体矩阵就是要让用户不管到哪个平台，都能看到推广内容的输出。但因为每个平台的类型及受众分类不同，多平台推广时，首先要考虑内容与平台及用户之间的匹配度，而不是简单的"搬运"。

2. 构建自媒体矩阵的方法

我们需要依据不同的渠道构建自媒体矩阵。

1）双微平台

除了一些大型企业和很小的企业，目前适用于绝大多数企业乃至个人的最简单、最直接、最高效的自媒体矩阵就是"双微"的组合模式。

（1）微信。媒体矩阵应当以微信公众平台号为主号，因为微信公众平台产品已经成熟，且微信公众平台产品一直以连接人、物、场景的运营模式来结合微信社交软件营销。微信平台目前已得到用户的首肯，与用户建立了强烈的黏性，为用户做营销与品牌推广提供了便捷的服务方式。

（2）微博。微博是一个开放性的平台，可以随时在其上发图片、文字。用户可即时通过关键字或刷新来搜索到内容，可以针对粉丝或者对话题感兴趣的用户进行营销，可以进行平台矩阵引流，可以作为企业的发声平台，也可以用引爆点营销的模式炒作话题与营销。

图 6-17 所示为微博和微信的徽标。

（a）微博徽标　　（b）微信徽标

图 6-17　微博和微信的徽标

2）资讯类自媒体

今日头条、一点资讯、搜狐、网易、百家号都是流量比较大的媒体平台，曝光度很可观，可为微信公众号导流。此类自媒体平台对内容的形式要求较严格，需以软文类内容为主。在今日头条、百家号、一点资讯可发与企业、行业相关的软文，树立企业、行业形象；搜狐、网易、百度指数排名较高，适合企业做搜索引擎营销关键字，用于企业平台引流。

图 6-18 所示为头条号和一点资讯的徽标。

图 6-18　头条号和一点资讯的徽标

3）视听平台

现在，视听平台是自媒体的主力，是自媒体的多元窗，主要有视频、直播和音频 3 类。

（1）视频类平台。品牌广告主可以巧妙地利用视频平台，制造互动型创意视频，传播并积攒粉丝。该类平台包括抖音、快手、哔哩哔哩等。图 6-19 所示为快手和抖音的徽标。

图 6-19　快手和抖音的徽标

（2）直播类平台。直播平台能很好地与用户产生互动，门槛低，能很快地拉近与粉丝的距离。该类平台包括斗鱼、虎牙、龙珠等。同时，一些视频平台、社交平台也开设了直播的功能，例如抖音、快手、微博等。图 6-20 所示为斗鱼和虎牙的徽标。

图 6-20　斗鱼和虎牙的徽标

（3）音频类平台。音频在制作难度上远远低于视频和直播，结合电台做微信公众号，传播效果更佳。该类平台包括喜马拉雅 FM、荔枝 FM 等。图 6-21 所示为喜马拉雅 FM、荔枝 FM 的徽标。

图 6-21　喜马拉雅 FM、荔枝 FM 的徽标

除了以上介绍的媒体之外，还有很多具备独特属性的自媒体平台。面对如此众多的选择，自媒体矩阵的建设需要基于个人能力和粉丝的关系强度进行规划和部署。

3. 构建一个合理有序的自媒体矩阵应该考虑的因素

1）立足内容定位

构建自媒体矩阵是为了更好地宣传内容，要结合自身的内容定位，打造具备品牌属性的自媒体矩阵，快速提升宣传能力，达到宣传效果。

2）符合用户的触媒习惯

不同的内容，其用户群体可能相差甚远。科技用户一般常会在新闻客户端了解资讯，彩妆用户比较关注视频、直播平台，知识型群体则普遍喜欢逛知乎、豆瓣……了解用户的网络触媒习惯，是建立自媒体矩阵的重要前提。

3）明确自身需求和平台功能

对宣传者来说，并不是所有的自媒体平台都是必要的，要清楚自身在初创阶段进行自媒体的传播目的，挑选合适的平台；要明确哪些平台用来曝光、哪些平台用来引流、哪些平台用来传播产品信息。

4）不求数量，以质取胜

真正有效的自媒体矩阵，能起到一呼百应的效果。比快速壮大自媒体矩阵规模更重要的是内容运营，特别是内容的质量要高，不急于扩充平台数量。能运营好一两个自媒体平台，也并不是简单的事情。

所以我们在布局新媒体矩阵时，一定要思考清楚账号所发的内容与账号的定位后方可入驻平台，要考虑清楚所发的运营内容是否是用户喜欢观看的，以及所发内容的目的是什么。

课堂讨论：你认为还有哪些媒体平台可以为建立自媒体传播矩阵所用？

6.2.2 嵌入分享因子

网络传播内容的能力是疯狂的，但并不是所有的好内容都一定会在网络上被大量传播。我们无法保证自己的内容一定会被很多人喜欢并传播，但可以在策划和制作内容的时候使用一些技巧来让自己的文章更容易被读者分享，即给内容嵌入分享因子。

1. 共情的

只要查看抖音、快手、B站、视频号的短视频，可以轻而易举地发现：能超过十万、百万甚至千万级点赞的内容，大多数能和观众产生共情，使观众被情感打动。

在传统广告领域，经常被认为不实用的情感类内容，在网络传播上非常有用，甚至能免费传播。而企业希望有效强销的内容，却往往没有效果。这是被网络的流量规则——自传播的情感因子左右了。

人们更容易为动情的内容点赞，点赞越多，系统越会自动推荐给更多的人，看到的人也就会越多，形成正向裂变式的、滚雪球式的传播效应……

所以，自传播的第一个秘密，就是"共情"。

"共情"要抓住两点,一点是个人化的潜意识情感;另一点是群体化的亚文化情感共识,最好两者皆有。潜意识情感往往非常纯粹,就是爱、欲、恨、萌、燃、丧、浪这些,或者有强烈的文化集体意识,能让人不由自主地点赞。

> **案例** 共情推动用户自传播,《啥是佩奇》刷屏网络

2019年初,短片《啥是佩奇》在朋友圈和网络刷屏,被网友盛赞为最走心的宣传片。虽然最后的实际效果不佳,但从传播的角度上看是无可挑剔的。

《啥是佩奇》之所以能够让网友笑中带泪地看完,是因为在年关将近的特殊时刻,它触碰到了人们心中最柔软的地方,戳中了许多人的泪点。5分钟的短片流淌着最朴素的爱,其跌宕的情节、高能的反转、皆大欢喜的结局,引起了观众情感上的共鸣。

《啥是佩奇》本身是一个广告片,要表达的主要精神内核就是亲情,亲情本身就是普世性的主题,完全不需要宣传者硬生生地告诉大家"常回家看看,亲情最重要。"

创作者应该做的是让受众润物细无声地接受作品所表达出来的东西。

图6-22所示为《啥是佩奇》的视频截图。

图6-22 《啥是佩奇》的视频截图

2.有用的

这里说的有用,是对人们真的有用,并能形成知识社群。

比如某小家电品牌,无法通过讲述自己的产品有多好来长期吸引并维护粉丝;但如果改为分享有用的生活窍门,就有可能以做内容引发不断地自传播,沉淀和积累粉丝。

这个"有用"有两点精髓,一点是先利他,而非先利己,用利他实现利己;另一点是长期有效地多维输出,文章、漫画、音频、视频、直播都可以做。

"有用"虽然在感召力上不如"共情",但持久性相当好。因为持续做出有用的知识内容的难度,要比持续做出"共情"内容的难度要小得多。

"有用"和"共情"一样,一定要有人群针对性,而不要指望人人都需要、都喜欢。这个和做大众广告的常识正好相反,广告虽然也有目标人群,但仍力求大众都能接受。

案例　　水果猎人分享水果知识，深受用户喜爱

水果是我们日常生活中必不可少的食物，但是水果种类繁多，总会出现质量参差不齐的情况，所以如何挑选到好品质的水果一直是常见的难题。

某热衷研究植物的专家级学者，在微博上开设了自己的个人账号，分享水果知识，尤其是挑选水果的技巧，深受用户喜爱，如今他的粉丝已经超过了100万。

图 6-23 所示为某热衷研究植物的专家级学者的微博以及挑选水果技巧的视频。

图 6-23　某热衷研究植物的专家级学者的微博以及挑选水果技巧的视频

3. 有槽点

有槽点，能让人吐槽，会更容易引发流传，这是全世界互联网的不变法则。

这个"有槽点"，需要在做内容营销时预埋槽点进去，有时是有意的，有时是无意的，大部分是无意的。因为，这个槽点该有多强、风险有多大，事先很难评估。

和有槽点有同等关系的是自嘲，就是企业能真正放低自己，以自黑自嘲的方式做传播，这也很容易被接受和扩散，还能成为危机公关的有效方法。

"有槽点"有一个明显不足，就是不可能天天做槽点，次次有槽点，只能偶尔为之，偶然出现。

长期的战略应该是"共情的"，或者"有用的"，这两者才能真正长久地做下去，和人们有长久的链接，建立长久的价值共享。

4. 新奇特

新奇特很容易让内容营销成功传播，这个很容易理解，只是很难做到或做好。

新奇特就是指新鲜的、以前没见过的，或者奇怪的，或者自己独创的内容。这些新鲜的、奇怪的、独特的内容，一定是最容易引发自传播的内容。

"新奇特"和"有槽点"一样是战术性的，因为再新奇特的内容，看多了也会变得习以为常。所以，长期价值还是要回到"共情"和"有用"上来，成为个性化形象。

只有当新奇特的内容建立起了个性化形象价值,才能持久有效。

5. 有趣的

有趣的人,有趣的事,可以带给人愉快、开心、高兴等一些积极的情绪。"有趣"应用在内容制作领域,主要表现为内容本身有趣和内容呈现方式有趣。

比如在抖音这样以泛娱乐内容居多的平台上,内容是否具有趣味性已经成为了其重要的衡量标准。据报告统计,2018年短视频行业已拥有近6.5亿用户,"有趣"已成为用户使用短视频平台时考虑的关键词。

6.2.3 搜索引擎优化

搜索引擎优化,指为了提升网页在搜索引擎自然搜索结果中(非商业性推广结果)的收录数量以及排序位置而做的优化行为,主要目的是从搜索引擎中获得更多的免费流量,以及更好地展现形象。研究表明,61%的网络消费者在购物前喜欢通过搜索引擎查找产品信息,53%的人会点击搜索结果中的第一条链接。所以说,创建的内容能够在搜索引擎中被找到对于内容营销来说是非常重要的。

在这需要区分一下搜索引擎优化和搜索引擎营销的特征。搜索引擎营销就是指基于搜索引擎平台的网络营销。

搜索引擎优化只是搜索引擎营销的一个子集,搜索引擎营销还包括竞价广告、新闻源营销、百科营销、问答营销等多个分支。任何在搜索结果页实现展现的手段都可以纳入搜索引擎营销范畴。

1. 页面标题与关键词要吸引人

在网络上内容不仅要写得好、有价值,更重要的一点是标题和关键词也要写得好。面对海量的信息,标题和关键词会被受众第一眼纳入眼帘。因此,什么样的标题和关键词才能符合受众的需求,才能吸引受众,应该是我们每个新媒体内容制作人员,在优化和推广内容的过程中必须掌握的搜索引擎优化推广技巧。

搜索引擎优化推广技巧并不提倡去做"标题党"。想要内容能够长期得到关注,获得良好的发展,还是要言之有物,不能只靠噱头吸引人。

2. 图文并茂也是吸引点

通常,文字性的东西往往会使人视觉疲劳。相对于纯文字的内容,图文并茂的内容不仅可以直观表达,还可以使人们更愿意浏览,添加了音频和视频的内容更不用说了。

除此之外,图文并茂也是美观的一个要求。在搜索引擎优化推广技巧中,我们所做的一切工作都是基于用户体验和对搜索引擎喜欢的基础之上来进行优化和推广的。

3. 定时更新让内容面貌常新

内容的有规律更新是十分重要的。在搜索引擎优化推广技巧中,搜索引擎都有自己的更新规律。因此,每天在相对固定的时间内更新内容,可以使内容更好地被收录。搜索引擎也会根据内容形成的习惯,按照一定的抓取程序在固定的时间来抓取内容。

6.3 本章小结

新媒体内容制作完成后,还需要进行内容的包装与推广工作,才能使内容的传播效果更好。本章我们学习了如何进行新媒体内容的包装以及如何开展新媒体内容的推广两部分知识,以便推动新媒体内容策划工作更加全面、完整地展开。

第7章 新媒体内容策划的发展方向

新媒体内容的发展一直与技术的进步密不可分。所以，在学习了已有知识的同时，还应该分析一下新媒体内容的未来会有什么样的变化。需要注意的是，随着科技的发展，不仅传播方式和传播手段出现了变化，随着"90后""00后"等新消费人群的崛起并逐步占据消费主导地位，也使内容的受众发生了改变。研究内容受众的独特生活方式和消费习惯对内容策划的学习，同样也具有重大意义。

新媒体内容受众的特点，以及有哪些技术影响着新媒体内容的发展方向，将是本章重点讨论的问题。

7.1 受众人群："90后"与"00后"

近年来，"90后"和"00后"相继成年，陆续登上主流消费舞台，开始成为各大品牌的主攻对象，他们的个性和生活方式都对内容营销具有非常大的影响。

7.1.1 兴趣爱好：二次元文化

目前二次元仍属主流之外的小众亚文化，但近几年发展迅速。根据微博数据中心的统计显示，2017年，微博核心二次元用户达到了1960万个，泛二次元用户达到了1.53亿个，从2015年到2017年两年间，泛二次元用户增长37.7%，核心用户增长37.8%。

微博二次元用户不仅基数大，活跃度也非常高，泛二次元月活跃用户占全部二次元用户的61.3%，达到9400万个，是微博用户的重要构成部分。

国内许多品牌都纷纷开始试水二次元内容。比如，国内某知名化妆品品牌拍摄了动漫型的短视频《漂亮面对》，甚至在二次元聚集地"哔哩哔哩"开设了自己的专题主页。图7-1所示为动漫型的短视频《漂亮面对》的截图。

某白酒品牌更是煞费苦心地拍摄了一部以品牌动漫形象为主的同名、长篇、连载动漫《我是×××》。该动漫作品画面精致，情节紧凑，豆瓣评分高达8.2分，为品牌做了很好的宣传。图7-2所示为某白酒品牌的宣传漫画海报。

图 7-1　动漫型的短视频《漂亮面对》的截图

图 7-2　某白酒品牌的宣传漫画海报

某电商品牌以品牌卡通形象为原型，打造了非常应时的狗年贺岁动漫电影《JOY STORY：JOY 与鹭》。电影长度虽然不到 5 分钟，但制作非常精良。图 7-3 所示为某电商品牌的宣传动漫海报。

图 7-3　某电商品牌的宣传动漫海报

尽管现阶段普通人对二次元的接受程度有限，但二次元中正能量、娱乐性的内容，仍能引起其他网民的广泛共鸣。如果能以二次元内容作为基础，结合品牌主张及调性，很容易获得不错的反响和传播影响力。

7.1.2 生活作息：熬夜

针对年轻人喜欢熬夜的特点，淘宝开辟了一档针对熬夜人群的内容频道《一千零一夜》，每周三、周四晚上 10 点钟推出一集主题为"美好的事物能治愈"的视频。目前，《一千零一夜》栏目已经上映了关于鱿鱼水饺、伊比利亚火腿、百香果、桃花胶、冷吃兔等多种食物的奇幻小故事。图 7-4 所示为《一千零一夜》的海报。

图 7-4　《一千零一夜》的海报

7.1.3 心理特征：小众情节

年轻人的消费理念相对他们的父辈发生了巨大的改变，过于大众化的内容很难迎合他们的口味，大众化的品牌也很难凸显他们的个性，越来越多的年轻人对小众文化产生了浓厚的兴趣。利用小众文化进行内容营销是小品牌挑战大品牌的利器。

淘宝和《IDEAT 理想家》合作，推出了"淘宝小众文化潮流趋势图谱"。该图谱用大数据解读了 20 个青年小众文化圈的时尚风貌，比如类似以下数据的描述。淘宝有 6 万多个"世上仅此一件"的服饰孤品；流苏是嬉皮风的代表元素，淘宝每秒钟都能卖出 6 万多件流苏服饰。

图 7-5 所示为淘宝小众文化潮流趋势图谱。

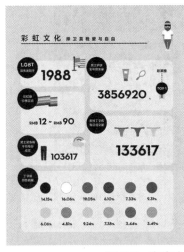 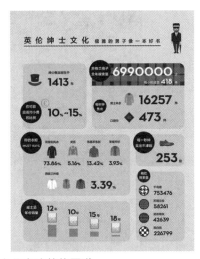

图 7-5　淘宝小众文化潮流趋势图谱

7.2 大数据技术

目前,随着信息技术的发展,在健康医疗、用户社交、电子商务、电视节目制作与发行、社会安全等领域,海量数据不断产生,而且速度越来越快。据相关数据公司的统计资料显示,全球各种数据的数量正以每年 50% 的速度飞速递增。海量数据的研究与挖掘为行业自身的发展与创新提供了广阔的前景,大数据技术正在颠覆传统的统计与规划技术,并逐步成为当下最具有行业影响力的创新技术,获得了政府、学术界、商业领域、电视传媒行业的高度重视,大数据时代正悄然来到我们身边。

7.2.1 大数据技术是什么

大数据技术是指大数据的应用技术,涵盖各类大数据平台、大数据指数体系等大数据应用技术。

大数据处理的关键技术一般包括:大数据采集、大数据预处理、大数据存储及管理、大数据分析及挖掘、大数据展现和应用(大数据检索、大数据可视化、大数据应用、大数据安全等)。

1. 大数据的特征

麦肯锡全球研究所曾给大数据下过一个相当规矩的定义:一种规模大到在获取、存储、管理、分析方面大大超出了传统数据库软件的能力范围的数据集合,具有海量的数据规模、快速的数据流转、多样的数据类型和价值密度低四大特征。

上面这四个特征,也就是人们常说的大数据的 4V 特征(volume,variety,value,velocity),即大量、多样性、价值、及时性。

1)数据体量巨大(这是大数据最明显的特征)

有人认为,大数据的起始计量单位至少是 PB(1000 个 TB)、EB(100 万个 TB)或 ZB(10 亿个 TB);这里按顺序给出所有的数据存储单位:Byte、KB、MB、GB、TB、PB、EB、ZB、YB、BB、NB、DB,它们相邻的两个单位之间,后者是前者的 1024 倍。不过,数据的体量有时可能并没那么重要。比如 13 亿人的名字,只占硬盘几百 MB 空间,但已经是这个领域里非常大的数据。

总之,可以简单理解为大数据技术能够处理比较大的数据量。

2)数据类型繁多

数据类型繁多也就是多维度的表现形式,比如网络日志、视频、图片、地理位置信息等。大数据技术能对不同类型的数据进行处理,不仅能够对一些大量的、简单的数据进行处理,也能够处理一些复杂的数据,例如文本数据、声音数据以及图像数据等。

3)价值密度低,商业价值高

大数据技术的应用具有密度低和价值大的特点。一些零散的,各种类型的数据,如果不能在短时间内分析出信息所表达的意义，那么可以利用大数据分析技术，将信息中潜藏的价值挖掘出来，以便在工作研究或者其他用途中使用，便于政务的便捷化和深层次化。

4）处理速度快且及时

大数据技术处理数据遵循"1秒定律"，即处理速度快且及时，可从各种类型的数据中快速获得高价值的信息。

2. 大数据的分类及应用

大数据技术主要分为两种类型，即运营性大数据技术和分析性大数据技术。

1）运营性大数据

运营性大数据与我们生成的正常日常数据有关。这可能是在线交易、社交媒体或特定组织的数据。可以简单地认为这是一种原始数据，用于分析大数据技术。

运营性大数据技术的一些应用示例如下。

①网上订票，包括火车票、机票和电影票等数据；

②在线购物，包括淘宝，京东等数据；

③社交媒体平台，包括抖音、快手和微信等应用程序的数据。

图 7-6 所示为淘数据统计平台。

图 7-6　淘数据数据统计平台

2）分析性大数据

分析性大数据好比大数据技术的高级版本，它比运营性大数据要复杂一些。简而言之，分析性大数据是实际绩效的组成部分，而关键的实时业务决策是通过分析运营性大数据来制定的。

分析性大数据技术的一些应用实例如下。

①股票、基金等金融投资业；

②分析运行航海、船舶、飞行和太空任务等领域；

③天气预报信息；

④监视特定患者健康状况的医学领域。

7.2.2 大数据技术与新媒体内容创作

由大数据带来的变革与创新正以不可阻挡的方式改变着当下的新媒体行业，尤其在内容策划及创作上，大数据技术为新媒体内容策划及创作者提供了全新的创作方式、思路以及辅助工具。

1. 今日头条内容创作与大数据

2018 年，今日头条公布了头条创作者大数据。数据显示，"家"成为了最常出现在今日头条创作者标题中的关键词。

创作者们在今日头条平台上生产优质的内容，从平台上获得了可观的收益。根据 2018 年头条创作者大数据显示，自 2018 年 7 月以来，已有 2071 位创作者开通了今日头条付费专栏，其中专栏"每天读点故事"获得超过 4 万次购买。同时，自 2018 年 1 月以来，已有 3833 位创作者开通了小店。

依据上述大数据统计可知，2018 年，"家"是今日头条内容创作标题中最常出现的词汇，这也为创作者们指出了两个方向。第一，"家"的相关内容是众多创作者们的选择，可见"家"的相关主题也是用户们关注的内容，比较符合用户的口味，可以围绕该主题，挖掘更深刻的内容，获得更大的关注度。第二，"家"的相关内容在头条号平台中深受各位创作者们的青睐，可以考虑避峰而行，另辟蹊径，选择其他的话题内容进行创作，避免内容同质化造成用户审美疲劳。

在 2018 年的头条大数据中，还可以了解到最受欢迎的付费专栏是"每天读点故事"，由此可以了解到用户对内容的期待聚焦于"故事"之上，所以"如何讲好一个故事"将是内容创作者们未来发展的方向。

图 7-7 所示为 2018 年今日头条创作者大数据汇总图（部分）。

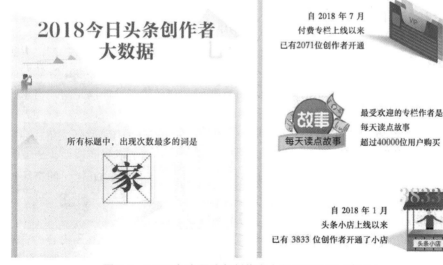

图 7-7　2018 年今日头条创作者大数据汇总图（部分）

据 2019 年今日头条创作者大数据显示，这一年创作者们共发布了 4.5 亿条内容，发布内容总字数达到 1048 亿字，相当于 14 万本《红楼梦》的总字数。将这些书摞起来，相当于 2.3 个珠穆朗玛峰的高度。

这一年中，今日头条共诞生了 1761 篇千万次以上阅读量的爆款内容，24 万篇百万次以上阅读量的爆款内容和 339 万篇十万次以上阅读量的爆款内容。

头条搜索也在该年第一次和大家见面，"天气预报"和"剁椒鱼头的做法"是搜索最高的问题。根据大数据的统计，新媒体内容创作者们可以将内容策划方向瞄准"天气预报"和"剁椒鱼头的做法"这两个关键词。同时，也可以将内容创作主题延伸至生活妙招乃至美食食谱中。从用户数据分析中抓住用户的兴趣，为自己创作的内容带来更多的点击量。

图 7-8 所示为 2019 年今日头条创作者大数据汇总图（部分）。

图 7-8　2019 年今日头条创作者大数据汇总图（部分）

2. 大数据技术助推网络视频创作

大数据技术在网络视频中得到了广泛的应用，包括短视频与长视频。

好看视频在 2020 年末上线了独立创作平台，该平台可以实现智能化提醒，提醒作者创作要素的优化方向。未来，该平台还将上线素材侵权提醒、热度引导等智能化工具，旨在通过大数据引导优质内容创作，指导创作者生产更能满足用户需求的优质内容。

吸猫撸狗逐渐从家庭的消遣方式转换为城市中产的象征；而随着"低欲望社会"的来临，90 后、95 后都市空巢青年更为宠物市场补充了源源不断的消费生力军。2018 年，宠物市场的规模在经历了连年增长后，已经达到了近 1800 亿元的市场消费额。

下面以短视频领域的宠物视频为例，分析其内容策划及创作方向。

从内容领域来说，目前市面上的宠物类内容还多以拟人化的泛娱乐内容为主，科学喂养、宠物训导、互动/交流培训等垂直类内容明显缺失，还有很大的补充空间。面对这块千亿市场的大蛋糕，内容创作者该如何进行内容选择与策划呢？

结合抖音平台的相关数据，可以发现其内容多表现为萌宠拟人化，即通过可爱的外表、与人类相似的行为反馈，产生轻松、逗趣、暖心的效果。其中萌宠的行为多依赖配音、字幕、演绎等手段的辅助，贴近人们的语言系统。图 7-9 所示为抖音平台部分宠物类账号，一个账号的粉丝数量超过了 1500 万，而另一个账号的粉丝数量超过了 4100 万，粉丝数量庞大，可见其受用户喜欢的程度。

图 7-9　抖音平台部分宠物类账号

本质上，拟人类的宠物内容、日常视频博客类宠物内容属泛娱乐的范畴，供猎奇、"吸食可爱"的用户消费，这类内容与宠物实体与服务行业的关联较小，并不能算是真正的（垂直领域）类内容。

而能够与产业结合的内容还需要与产品及知识相结合，比如产品测评，技能分享等，为养宠人群解决问题。据数据统计，目前这类内容在体量及综合实力上没有特别靠前的内容，多数处于腰部及以下，相关的优质内容亟待补充。如果做到了有效结合，那么变现空间是巨大的。

3. 大数据技术成为文学创作的核心竞争力

目前，网络文学火热，网络文学处于最好的时代。以阿里文学为例，大数据技术成为阿里文学的核心竞争力。互联网的快速发展给作者和读者带来了前所未有的创作和获取内容的体验。在个性化形象的培养和衍生方面，阿里文学的优势在于不但拥有众多优质的阅读用户资源，而且能对接整个阿里平台的大数据系统，精确匹配用户的需求，定位培育具有个性化形象的潜在用户群，为内容生产方向提供正确的指引，从而极大降低个性化形象的培育成本和风险。

大数据可以帮助作者更好地进行趋向性创作。例如小说阅读类 App 可以统计读者在阅读过程中在每一章节的停留度，通过大数据来判断哪部分的内容、怎样的表述才会让文字更加具有吸引力。这无疑会让出色的作者明确自己的写作方向，有利于创作出脍炙人口的个性化形象作品。

4. 大数据技术指导影视剧内容创作

大数据技术是在掌握庞大的数据信息的前提下，对数据进行专业化处理，从而挖掘出数据背后的规律。如今，随着大数据技术的发展，利用大数据进行内容创作成为了新风尚。美国流媒体巨头、世界最大的收费视频网站"网飞（Netflix）"就通过大数据技术让人们见识到了新技术与内容创作相结合的可能性。网飞公司通过大数据分析用户的观看习惯时发现：许多喜欢观看BBC老版《纸牌屋》的用户，同样也喜欢大卫·芬奇（David Fincher）导演的电视剧，或者凯文·史派西（Kevin Spacey）主演的电视剧，因此有了这部一经推出就深受好评的新版《纸牌屋》，此剧由芬奇监制，史派西主演。图7-10所示为网飞的徽标。

图 7-10　网飞的徽标

5. 大数据提升新媒体的运营效果

相关数据显示，在新媒体内容价值500强排行榜中，医疗行业平均点赞数最高，更受读者认可，娱乐类微信公众号平均阅读量高，文章传播范围广。此外，婚姻家庭、艺术、汽车、3C、健康、时尚、生活美学、教育培训也位列"高阅读量—高点赞数"区域。整体来看，内容价值排行榜覆盖的28个行业中，有10个行业受到了读者高度反馈。图7-11所示为部分娱乐类微信公众号。

图 7-11　部分娱乐类微信公众号

通过监测系统对新媒体内容运营进行连续监测，结合大数据分析，能够帮助新媒体运营者准确把握当下热点。通过大数据把握社会的动态发展，进而实现微信公众号运营效果的提升，是新媒体营销推广的重要渠道。

7.3 语音控制技术

语音交互能够创造全新的"伴随式"场景。相比图像、双手操控，语音交互有很多优势，空间越复杂，越能发挥优势。在某种程度上，语音交互可以解放我们的双手、双眼甚至双脚，特别适合在某些双手不方便的场景中使用。

7.3.1 语音控制技术是什么

说到语音控制，大部分人的第一反应应该是苹果手机的语音识别接口"Siri"。在手机端，它只是个不起眼的语音助手，真正能让语音控制大展拳脚的是智能家居等终端设备的互联控制。

2014年，亚马逊发布了智能音箱"Echo"，率先打开了人工智能音箱市场，短短几年间，人工智能音箱产品在提供内容娱乐、生活服务的同时，更多地进入到了家庭生活场景中，成为智能家居的控制中心。

在国外市场的语音助手发展得如火如荼的同时，国内的"科大讯飞"和"京东"联合研发了一系列基于语音控制的智能家居产品，其中的"叮咚"智能音箱，将喜马拉雅的海量音频与其精确的语音识别技术强强结合，为用户提供了令人惊叹的语音操控体验。同时百度宣布语音识别技术全面开放，微信发布了语音识别开放平台，搜狗语音云平台也已经上线，国内的语音识别智能助手也走上了发展的道路。图7-12所示为叮咚智能音箱。

图7-12 国内推出的叮咚智能音箱

在与其他企业合作的同时，喜马拉雅FM也推出了自主品牌小雅人工智能音箱，以帮助用户更好地解放双手双眼，实现更好的音频体验。相对于市场上普遍存在的"交互型"人工智能音箱,拥有亿万收听数据和内容沉淀库存的喜马拉雅,推出的小雅人工智能音箱属于"首款全内容人工智能音箱",这也是人工智能音箱领域的首个"内容型选手"。图7-13所示为喜马拉雅旗下的小雅人工智能音箱。

图7-13　喜马拉雅旗下的小雅人工智能音箱

在语音控制设备上生产内容的策略和在其他新兴平台上大同小异,在战略层面,考虑的问题都是基本相同的,比如营销目的、目标用户等。不过,同样需要注意的是,音频营销更适合那些可以被听觉传达的产品。

比如"罗辑思维"这种文化类产品就非常适合音频营销。同时,还要有策略地选择并组合音乐、音效、声优等资源,以达到最好的营销效果。国内的音频营销尚处于发展初期,营销方法较少,以音频广告植入和品牌自建电台为主,当然也有能够与国外控制体验对标的智能音箱,不过其优势基本上在其覆盖面相对广泛的产品生态圈内。

在智能音箱中的植入式广告,往往会兼顾用户体验,达到内容与广告的和谐一致。

在智能音箱领域拥有80%市场份额的亚马逊智能音箱"Echo",借助其智能语音助手"Alexa",实现了更多新鲜、有趣的功能。比如,通过询问Alexa"我的新闻简报是什么?"或者"有什么新闻?"用户可以快速听到所选择的提供者提供的日常新闻和内容。

语音控制设备为品牌内容营销提供了另一种进入用户日常生活的方法。不过,这种内容营销方式是否值得投资,取决于品牌总体战略。如果目标用户很有可能成为语音控制设备的使用者,如果你正在寻找连接用户的新渠道,如果创造高质量音频内容在你的能力范围之内,那么,利用语音控制设备进行音频内容营销是一个非常值得尝试的渠道。

案例　喜马拉雅FM的明星节目《段子来了》

该节目在接到某蔬果类广告商的合作后,主播"采采"将其改编成一个情侣对话的段子,在把广告植入进去的同时,也保证了节目的质量。一些企业品牌会在平台内建立自己的电台,将内容与广告结合在一起,品牌电台可以在节目中进行信息发布和品牌宣传。同时,平台还是一个品牌粉丝聚集与互动的平台。图 7-14 所示为喜马拉雅 App 中的品牌主页。

图 7-14　喜马拉雅 App 中的品牌主页

7.3.2　智能语音在新媒体领域的应用场景

媒介是人的延伸,语音交互技术与人工智能的进步无疑创造了媒体与用户接触的更多场景。目前,包括语音识别(语音唤醒、语音转文字)及语音合成(文字转语音)等技术模块已能够实现成熟应用。对媒体而言,内容生产、经营、运营等全链条均可由智能语音交互带来优化乃至深刻变革。

1. 针对语音交互硬件进行内容分发

媒体以内容提供者身份入场,将现有的智能语音交互硬件打造成新的流量入口和分发渠道,这是一种自然的合作。

这类功能主要使用了语音识别(语音唤醒)及语音合成(文字转语音)技术。媒体通过音频内容的定制化生产和重新编辑,实现对全新人机交互入口的提前占位。目前,电子合成语音和人类的自然语音尚存差距,文字及电视媒体需要适应纯音频的稿件创作,技术和内容还需磨合。

2. 开发基于语音界面的新闻应用

移动互联网时代的主流交互方式是基于文本的触摸屏交互,但物联网时代势必需要重新开发基于语音控制的全新用户界面。

3. 语音交互技术赋能新闻生产与媒体经营

就内容生产而言，媒体采编系统可引入语音转文字、文字转语音等成熟的技术，提高记者和编辑的新闻生产效率。

就运营和经营来说，人机语音对话数据能极大地丰富用户的画像，人工智能与营销、人工智能与用户调研等方向前景广阔。

4. 远景展望：同时关注其他交互方式

对媒体而言，5G 商用近在眼前，物联网发展的快车即将启动，但技术并非是我们自身的优势，通过积极的开放战略提前占位各类智能硬件入口是更加切实可行的路径。

值得一提的是，在商业的裹挟下，从技术前沿到产品转化之间存在着巨大的鸿沟。人机交互的发展前景仍不明朗。目前，尚无一种硬件成为主流入口，同时发展的还可能是基于增强现实、虚拟现实等技术的手势、眼神甚至意识交互。因此，语音交互技术及设备作为自然人与万物互联网络的接口，也不是唯一的前沿方向。

课堂讨论：你认为语音控制技术还可以怎样帮助新媒体内容制作？

7.4　人工智能技术

人工智能助力新媒体多元化发展。中国的人工智能产业起步相对较晚，但产业布局、技术研究等基础设施正处于进步期，随着科技、制造等业界巨头的深入布局，人工智能产业的规模将进一步扩大。相关数据显示，中国人工智能产业规模在 2016 年已突破 100 亿元。随着众多垂直领域的创业公司的诞生和成长，未来人工智能技术在新媒体领域的应用将更加令人期待。

7.4.1　人工智能技术是什么

人工智能（Artificial Intelligence，缩写为 AI）亦称智械、机器智能，指由人工制造出来的机器所表现出来的智能。通常人工智能是指通过普通计算机程序来呈现人类智慧的技术。该词也指研究这样的智能系统是否能够实现，以及如何实现。人工智能于一般教材中的定义领域是"智能主体（intelligent agent）的研究与设计"，智能主体指一个可以观察周围环境并做出行动以达到目标的系统。

著名的美国斯坦福大学人工智能研究中心尼尔逊（Nelson）教授对人工智能下了这样一个定义："人工智能是关于知识的学科——怎样表示知识以及怎样获得知识并使用知识的科学。"而另一个美国麻省理工学院的温斯顿（Winston）教授认为："人工智能就是研究如何使计算机去做过去只有人才能做的智能工作。"这些说法反映了人工智能学科的基本思想和基本内容。即人工智能是研究人类智能活动的规律，构造具有一定智能的人工系统，研究如何让计算机去完成以往需要人的智力才能胜任的工作,也就是研究如何应用计算机的软硬件来模拟人类某些智能行为的基本理论、方法和技术。

人工智能的研究是高度技术性和专业性的,各分支领域都是深入且各不相通的,因而涉及范围极广。

例如繁重的科学和工程计算本来是要人脑来承担的,如今计算机不但能完成这种计算,而且能够比人脑做得更快、更准确。因此,当代人已不再把这种计算看作是"需要人类智能才能完成的复杂任务"。可见,复杂工作的定义是随着时代的发展和技术的进步而变化的,人工智能这门科学的具体目标也自然会随着时代的变化而发展。它一方面会不断获得新的进展,另一方面又会转向更有意义、更加困难的目标。

图 7-15 所示为人工智能的概念图。

图 7-15　人工智能的概念图

7.4.2　人工智能技术与新媒体内容创作

目前,人工智能技术已经涉足内容策划及内容创作领域,各类相关报道层出不穷。

2014 年,美联社使用人工智能系统抓取公司发布的财报,自动进行统计分析,按预定的写作模式,几秒之内生成了数百字的新闻稿。

2015 年,美联社又将人工智能写稿扩展到棒球比赛,知道比赛分数后,立即生成比赛报道。

2016 年里约热内卢奥运会,华盛顿邮报写稿机器人 Heliograf 获取比赛信息后,几乎实时生成报道。

2017 年,韩国某通讯社也测试使用人工智能进行足球比赛报道,几秒钟就可以使稿件上线。

2018 年,法律人工智能平台 LawGeex 在审核协议比赛中,不仅速度比人类律师快,准确率也比人类高。

我国的互联网巨头公司阿里、腾讯和百度等,都有各自的写稿机器人。

1. 个性化推荐技术定位用户群体

对媒体而言,发现目标群体并将内容进行传播是能否达到传播效果的关键一环,个性化推荐技术解决了这一难题。这是目前在媒体中应用较为成功的人工智能技术之一，在媒体的内容分发过程中，个性化推荐技术为用户提供个性化体验，针对每个特定用户量身定制推荐内容，减少搜索相关内容所花费的时间。

内容生产是未来人工智能在媒体行业实现新突破的重要方面，虽然人工智能目前不能超越人类的创造力，但可以承担起一部分信息收集、数据整理和内容创作的工作，将媒体人从一些重复性的繁冗工作中解放出来，从而节省出时间用于创作和创造性工作。媒体也应积极探索新的与人工智能结合的工作方式，使得工作更高效、更智能。

此外，人工智能还将通过多种方式带来更好的用户体验。通过学习用户行为，了解受众偏好而使用户获得感兴趣的内容，并根据用户画像定制个性化的内容。运用人工智能技术捕获并处理数据，精准理解用户的需求，可以帮助媒体实现更加精细化的用户划分和用户分析，提供更加人性化的服务。人机交互使得用户体验更加立体化和场景化。

以国内的"快看漫画"为例，人工智能技术介入创作，帮助漫画作品更贴近市场。人工智能技术可以搜集到读者们在某一时期对漫画内容的喜好，以及对标签、类型、题材的偏好，甚至可以把握更高留存率的节奏，更高点击量的话题，并将这些数据综合处理后反馈给漫画作者，帮助他们从内容的剧情、人设、大纲去更新，保证快看漫画能够一直处于市场前列。

图 7-16 所示为快看漫画 App 的徽标。

图 7-16　快看漫画 App 的徽标

2. 人工智能技术助力新媒体内容制作

新媒体竞争的激烈对于内容的时效性和准确性追求越来越高。这时，人工智能可以成为得力的帮手。首先，人工智能可以快速地搜寻整理所需素材，检查语法及错别字，也可以通过数据逻辑分析出内容的真实性及合法性；其次，人工智能还能将一些文字内容转化成音视频，使内容的形式更加多样化。

对于新媒体内容的制作者而言，内容的"标题"越来越重要，一个好的标题往往能够带来更多的点击量。当许多个标题等待被选择时，人工智能可以先将内容制作者准备好的这些标题随内容一起发布，随后不断收集这些标题对受众产生影响的相关数据,当数据达到一定数量时,人工智能可以自动帮助内容制作者们计算出最优标题并进行替换。

以美国聚合新闻媒体 Buzzfeed(被称为媒体行业颠覆者)为例,其通过人工智能技术收集并分析网络上的各类内容数据,并将部分受众反应良好但并不知名的内容反馈给 Buzzfeed 的编辑小组,由该小组迅速制作出相近的内容并且分发到各大媒体平台上。这些本身就极具潜力的内容,经过专业团队重新包装后再次分发,通常都会在各大社交媒体上走红,形成病毒式传播。图 7-17 所示为美国聚合新闻媒体 Buzzfeed 的宣传图。

图 7-17 美国聚合新闻媒体 Buzzfeed 的宣传图

除此之外,据调查机构相关数据显示,中国人工智能创业公司所属领域分布中,计算机视觉领域拥有最多的创业公司,其中涉及的计算机视觉技术、语音及自然语言处理等技术均可应用到新媒体的运营推广、数据处理、广告营销、技术维护等领域,为新媒体带来新颖的运营模式,使用户获得更好的微信公众号阅读体验。

课堂讨论:你认为人工智能技术还可以怎样帮助新媒体内容制作?

7.5 虚拟现实技术和增强现实技术

随着社会经济的发展,计算机已经成为社会生活不可缺少的重要组成部分,友好的人机接口技术很早就已成为人们关心的重要课题。

7.5.1 虚拟现实技术和增强现实技术是什么

互联网时代的来临使人类的交流采用了新的方式,进入了新的领域。具体发展过程如下:命令界面——图形用户界面——多媒体界面——虚拟现实/增强现实界面。

那么,什么是虚拟现实技术,什么是增强现实技术呢?

1. 虚拟现实技术

虚拟现实(简称 VR),是由美国 VPL 公司创建人拉尼尔(Jaron Lanier)在 20 世纪 80 年代初提出的。其具体内涵是综合利用计算机图形系统和各种现实及控制等接口设备,在计算机上生成的、可交互的三维环境中提供沉浸感觉的技术。其中,计算机生成的、可交互的三维环境成为虚拟环境。图 7-18 所示为虚拟现实体验图。

图 7-18　虚拟现实体验图

2. 增强现实技术

近年来,虚拟现实技术在各个行业和领域应用得越来越广泛,同时也暴露出了一些不可忽视的问题。如对现实世界的隔离,与人类感知外部世界的方式有冲突等。为了克服这些问题,增强现实技术应运而生。它将计算机生成的虚拟物体或关于真实物体的非几何信息叠加到真实世界的场景之上,实现了对真实世界的增强。同时,由于与真实世界的联系并未被切断,交互方式也就显得更加自然。

增强现实(简称 AR),是在虚拟现实基础上发展起来的新技术,是通过计算机系统提供的信息增加用户对现实世界的感知的技术,并将计算机生成的虚拟物体、场景或系统提示信息叠加到真实的场景中,从而实现对现实的"增强"。增强现实通常是以穿戴式头盔显示系统和注册(增强现实系统中用户观察点和计算机生成的虚拟物体的定位)系统相结合的形式来实现的。

图 7-19 所示为增强现实效果图。

图 7-19　增强现实效果图

课堂讨论: 分享你对虚拟现实技术和增强现实技术的体验或者了解。

7.5.2 虚拟现实技术和增强现实技术带来的新的内容体验

当虚拟现实技术和增强现实技术构成一组新的技术趋势时,二者所带来的沉浸感、交互性与构想性被看作是最具潜力的新媒体形态。

从近年来瑞丹斯电影节设立 VR 放映厅、大英博物馆与 Oculus 合作推出 VR 体验、柯达公司推出第三代便携式超高清虚拟现实相机、Conspexit 与 Kujo 合作开发 AR 视频游戏等行业实践来看,虚拟现实技术和增强现实技术都在朝着技术研发与应用的方向前进。

1. VR/AR 与直播

随着 5G 技术的快速发展和国家的政策支持,5G 商业应用已经开始落地,而 VR 全景直播作为 5G 应用的首选场景,已经广泛应用于体育赛事、热点新闻、演唱会、发布会等场景。通过 VR 技术进行直播,能给用户带来无与伦比的沉浸感,让用户感觉宛如在现场一般。

2021 年 6 月 7 日,"花椒直播"宣布花椒 VR 直播专区正式上线并开放体验。据了解,花椒 VR 直播专区的总投资将超过 1 亿元。

事实上,VR 在直播领域的应用大大提升了用户的参与感,对众多行业都具有颠覆意义。在电商领域,用户通过 VR 直播可以实现在家逛街,主播可以 360 度展示商品,用户甚至可以"试穿"。对于旅游业,相对以前的图片展示和视频宣传片,VR 直播可以带领用户穿越到目的地,沉浸式感受美景。随着 VR 直播应用场景的进一步拓展,将为影视、游戏、在线教育等众多领域带来更多的想象空间,形成新的 VR 产业生长点。

故宫博物院宣教部官方快手账号"我要去故宫"举办了一场"多彩的故宫•秋日的唯美"主题专场直播。快手平台多链路直播设置了全景 VR 直播间,用户转动手机即能 360°观看故宫秋色。除此之外,故宫博物院还设置了"全景故宫"的功能,供全世界的游客在家中就可以欣赏到故宫之美。图 7-20 所示为 VR 全景故宫。

图 7-20 VR 全景故宫

AR 互动是在"扫一扫"的基础上,增加了交互属性,提供点击、放置、旋转等互动形式,用类似玩游戏的方式丰富用户的体验。

在 AR 互动应用方面，一些电商品牌是主力军，包括宜家、京东、淘宝等平台都推出了 AR 试穿、试戴、试装、预装的体验。以宜家为例，通过 IKEA Place 手机应用，用户可以在线把心仪的家具通过 AR 模型"放"在家里，提前看看尺寸、大小、颜色是否适合再做购买决策。图 7-21 所示为 IKEA Place 手机应用与宣传图。

图 7-21　IKEA Place 手机应用与宣传图

2. VR/AR 与短视频

5G 时代的来临，为短视频平台带来了更多的机会。5G 技术创造出了更多细分的场景需求。在这些细分的场景需求下，人们会产生更深层次的需求，也给短视频行业带来了更多的机会和创新的空间。

5G 超宽带高速率、低延时的特性，使短视频软件在更短的时间内，以更快的速度下载大量的视频资源。用户可以体验到时延更短、不卡顿、高清晰的视频，同时也为虚拟现实技术和增强现实技术带来更大的发展空间。

VR 技术为短视频提供了新的技术手段，为短视频软件功能开发指明了发展方向。高清视频、全息投影 AR/ 虚拟现实会给人一种浸入式的感觉。我们可以想象得到未来通过全息投影拍摄的视频，会让人们体验到身入其境的感觉，享受面对面地为观众跳舞，为观众唱歌，为观众表演。

例如抖音平台曾经推出了一款官方道具"AR 恐龙"。这个道具通过视频拍摄的方式，使恐龙出现在了人们的生活之中。图 7-22 所示为抖音官方道具"AR 恐龙"。

图 7-22　抖音官方道具"AR 恐龙"

7.6 本章小结

在科技带领媒体走向大众传播的时代，信息呈现快速膨胀的背景下，用户已不再满足于单一的信息传播方式。因此，新媒体的内容将持续作为焦点，同时也是挑战。

诸如大数据技术、语音控制技术、人工智能技术、虚拟现实技术和增强现实技术的不断进步，为新媒体内容策划提供了新的思路，不论从表达还是呈现都开拓了新的实现路径。新媒体将"大众化"与"个性化"相结合，为用户带来了更加丰富的信息，运用新的技术颠覆新媒体行业的内容策划方式与思路，为其带来了更多新颖的方法，鼓励新的艺术力量构筑未来的数字内容世界。

第8章 新媒体内容策划实战

对于任何与中国或中国消费者有关的人来说，新媒体的影响与统治力量是显而易见的。微信坐拥6亿名日常活跃用户，自然成为了社会化媒体营销的重地，其范围涵盖了图文、H5、投票、点赞等多种互动形式，传播价值更是不容小觑。而微博以其实时性、互动性等特征，使其新媒体的领头地位至今无法撼动，一个热搜数据的背后通常是数百万、千万的点击量和浏览量。类似于头条号、百家号等资讯类新媒体平台，每天也都有上亿名用户在查看、点击图文或视频内容。

随着5G时代的到来，新媒体的影响力正在持续扩大。这些新媒体平台已经成为了大众生活必不可少的部分，也是品牌和广告商的必争之地。个人可以通过新媒体渠道，依靠内容构建自媒体矩阵，形成个人品牌，成为"意见领袖"获取收益。商家可以利用新媒体平台进行宣传推广，分享产品的同时也可以分享品牌理念，在与用户的双向交流中实现经济效益。新媒体不仅仅是一个社会化的媒体平台，作为一个能够在日常生活中帮助人们的操作系统，它的多功能性使得人们在线上和线下的生活更为紧密。

在前面的7个章节中，我们了解了新媒体内容策划从概念到操作的相关知识，本章我们将依据前面的内容，结合具体的新媒体平台，完成内容策划的实战任务。

8.1 资讯内容平台实战

头条号和百家号作为时下优质的自媒体平台，入驻要求非常简单。符合要求的国家机构、媒体、自媒体，都可以登录头条号或百家号网站，填写相关资料，提交申请，通过审核后即可入驻该媒体平台，为广大移动互联网用户提供优质的内容。

8.1.1 任务一：发布头条号内容

头条号，曾命名为"今日头条媒体平台"，是今日头条旗下的媒体与自媒体平台，致力于帮助企业、机构、媒体和自媒体在移动端获得更多的曝光和关注。在移动互联网时代持续扩大影响力，同时实现品牌传播和内容变现；另一方面，也为今日头条这个用户量众多的平台输出更优质的内容，创造更好的用户体验。

打造一个良好的内容生产平台，是头条号发展的重要方向。基于移动端今日头条的海量用户基数，通过强大的智能推荐算法，优质内容将获得更多的曝光。业界领先的消重保护机制，让原创者远离侵权烦恼，专注于内容的创作；借助头条广告和自营广告，让入驻媒体、自媒体用户的价值变现有更多的可能性。

2019年5月，今日头条创作者均可申请开通"头条小店"，通过内容变现增加收入。"头条小店"开通后，店铺页面将出现在作者的今日头条、西瓜视频、抖音、火山个人主页上，商品可通过图文、视频、微头条、小视频、直播等多种方式展示。

图8-1所示为今日头条旗下的媒体平台矩阵。

图8-1 今日头条旗下的媒体平台矩阵

头条号平台的优势有三种，如表8-1所示。

表8-1 头条号平台的优势

优势	简介
智能推荐	快速获取海量移动阅读用户
高收益	头条广告，自营广告
原创保护	独有的"消重"保护机制，打击盗版与抄袭

上述表格中的"消重"是指对重复、相似、相关的文章进行分类和比对，使其不会同时或重复出现在用户信息流中的过程。头条号平台首先会通过消重机制来决定同样主题或内容的文章是否有机会被推荐给更多的用户。检测内容包括：①内容与"关键项"；②标题和预览图片；③主题。

任务一 "发布头条号内容"的操作步骤如下（截至2021年7月，头条号平台的操作界面）。

1. 内容发布

今日头条的内容发布形式多种多样，有视频、文章、微头条、图集、问答和小视频等。其中除了发布视频需要在今日头条下方的西瓜视频入口发布处，其他的都在今日头条的下拉菜单里发布。

（1）在左侧导航栏选择"今日头条"→"主页"，点击"开始创作""发布文章"，如图8-2所示。

图 8-2　发布文章的编辑界面

（2）在左侧导航栏选择"西瓜视频"，点击上传视频，将自己准备好的视频上传至个人头条号，如图 8-3 所示。

图 8-3　上传视频界面

（3）对个人头条号中发布的文章与视频进行推广分享，可以通过微信以及微信朋友圈转发，也可以通过其他社交媒体展开宣传，为下一步的数据统计做好铺垫。

2. 查看数据

为了更好地了解自己的用户以及头条号的运营情况，数据分析是必不可少的。数据查看主要分 3 类：文章数据、视频数据和总数据，具体内容如表 8-2 所示。

表 8-2　头条号后台数据类型

数据类型	内容
文章数据	微头条、图文和问答的详细数据在头条下的数据分析即可查看，里面会有详细的推荐、阅读、评论、收藏转发等详细数据，这些数据可以直接导出 Excel 表格，方便做数据分析
视频数据	在西瓜视频的视频数据即可看到，里面会有视频数据的详细分析
总数据	在"个人中心"→"我的粉丝"也可查看其他的数据，例如粉丝数、粉丝画像、月度粉丝收益及粉丝阅读等一些详细数据。

（1）对账号总数据进行记录并分析，包括文章量、推荐量、阅读量、粉丝阅读量和评论量；总结账号目前的情况，包括优点、不足以及改进办法（账号目前情况）。如图 8-4 所示。

图 8-4　账号数据概况

（2）对账号发布的视频的数据进行记录并分析，包括累计推荐量、累计播放量、累计粉丝播放量以及累计播放时长（分钟）等；分析视频运营的优点、不足以及改进办法（账号目前情况）。如图 8-5 所示。

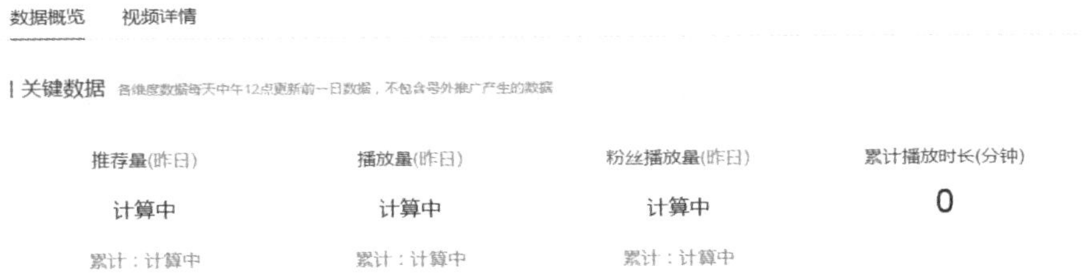

图 8-5　视频数据概览

（3）结合（1）、（2）中的任务内容，完成表 8-3。

表 8-3　个人头条号数据统计分析表

总数据				
数据类型	文章量	推荐量	阅读量	粉丝阅读量	评论量
分类分析					

账号目前的情况：

视频数据			
数据类型	累计推荐量	累计播放量	累计粉丝播放量	累计播放时长（分钟）
分类分析				

账号视频业务目前的情况：

3. 新手指南

刚入驻平台的新手，对平台不是很了解，可以从以下几个方面了解平台。

（1）学院。在今日头条的首页下方中间位置，有一个"学院"——里面有针对新手的进阶手册，包含了从头条号的注册流程规范到功能使用介绍及如何提高平台推荐的一些相关功能介绍。除了这些基本的进阶知识之外，还有一些官方指导和一些优质作者的分享，刚刚入驻此平台的作者可以在学院好好学习一下。图8-6为头条号后台的"学院"界面。

图8-6 头条号后台的"学院"界面

（2）创作活动。在学院旁边的"创作活动"里面有头条平台的优质内容及活动信息，可以实时关注到平台火热的项目。图8-7为头条号后台的"创作活动"界面。

图8-7 头条号后台的"创作活动"界面

（3）常见问题入口。常见问题入口在头条号后台的右边导航栏——原创扶持、常见问题与问题咨询内，如图8-8所示。常见问题是平台总结的一些用户经常会问到的关于这个平台的一些问题的答案，如果这里没有找到你想要的答案，可以点击下方的"问题咨询"平台，客服会在后台回答你的疑问。

图 8-8　导航栏

（4）个人权益。在个人中心下方"我的权益"中，有一个账号权限。根据账号运营情况，这里面有的权益平台能邀请开通，有的需要手动申请开通，想了解具体情况可以参看后面的申请条件和功能说明。如图 8-9 所示。可以点击对应的按钮进行查看，不断完善自己的账号权限。

功能	状态	申请条件	功能说明
头条广告	已开通	符合条件的头条号可以开通头条广告。	功能介绍
自营广告	申请	已实名认证的头条号可申请。	功能介绍
图文原创	申请	优质图文原创头条号可申请开通图文原创标签。	功能介绍
视频原创	申请	优质视频原创头条号可申请开通视频原创标签。	功能介绍
圈子功能	申请	账号粉丝数达到 10000 后可直接申请。	功能介绍
千人万元	申请	已开通图文原创功能的个人帐号可申请。	功能介绍
外图封面	申请	入驻时间达到30天的头条号可申请。	功能介绍

图 8-9　个人权益

8.1.2　任务二：发布百家号内容

百家号是百度公司为内容创作者提供的内容发布、内容变现和粉丝管理的平台，是收益最高的写作新媒体平台之一。百家号作者发布的内容将会被分发到手机百度、百度搜索、百度浏览器、百度好看等一系列百度平台上，往往能带来巨大的流量。

百家号于 2016 年 6 月启动并正式内测，9 月份账号体系、分发策略升级、广告系统正式上线，9 月 28 日正式全面开放。2018 年 2 月 6 日，百度百家号与新华社达成战略合作，双方将联合推出"新华社超级频道"，并在百度平台全面分发新华社新闻信息内容。百家号的使命是帮助内容创作者"从这里影响世界"。

图 8-10 所示为百度与百家号的徽标。

图 8-10　百度与百家号的徽标

百家号支持内容创造者轻松发布文章、图片、视频作品，未来还将支持 H5、虚拟现实、直播、动图等更多的内容形态。在百家号上，内容一经提交，将通过手机百度、百度搜索、百度浏览器等多种渠道进行分发。

图 8-11 所示为手机百度图标、百度搜索界面以及百度浏览器的徽标。

图 8-11　手机百度图标、百度搜索界面以及百度浏览器的徽标

"发布百家号内容"的操作步骤如下。学生登录自己的"百家号"账号，点击"发布"，如图 8-12 所示，在平台中发表命题内容（截至 2021 年 7 月百家号平台操作界面）。

图 8-12　"百家号"账号后台界面

结合个人情况，选择一款自己喜欢的物品或者一项爱好，用百家号针对该"物品/爱好"进行展示，展示形式包括图文、图集、视频、动态以及合辑。如图 8-13 所示。

图文　　图集　　视频　　动态　　合辑

图 8-13　"百家号"账号后台发布的类型

1. 发布图文

百家号的文章内容要求语句通畅，不能有逻辑错误；注重真实，不能弄虚作假；注重理性和客观的陈述，不能夹带过多的主观感情和评论。

在新手期，内容质量和内容垂直度非常关键（内容垂直度是指文章应该尽可能地缩小在一个范围，保持文章的一致性）。文章要以介绍推荐类文章为主，不能有太多个人感想，尤其是旅游类与生活类文章，不能写成散文或随笔。历史类文章要求有事实依据，带有论文性质的正史文章，要注重学术性与考究性；要写清朝以前的历史人物或朝代，注重内容范围不能太大，比如写某一个历史人物或朝代就围绕这一个模块进行。游戏类文章也要求在内容范围上有所指定，内容范围不宜过大，注重一个游戏比较好。

（1）在导航栏点击"图文"选项，点击编辑框左侧的"手机/电脑"图标，可以依据不同的载体屏幕尺寸切换编辑框的大小，如图8-14所示。编辑文字和图片的内容。在编辑过程中，可以使用字体加粗、插入图片、插入视频、插入音乐等功能。

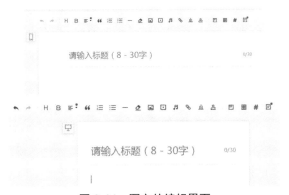

图8-14　图文的编辑界面

（2）设置文章的其他内容，包括封面、分类以及是否转载授权，如图8-15所示。

图8-15　文章设置界面

（3）发布并等待后台审核完成后，百度便会根据你的标签自动推荐给读者了。点击内容管理可以查看已发布图文的状态。

2. 发布图集

发布图集有一些技巧：①发布内容连贯、主题鲜明的图集内容；②清晰、准确地填写图集名称和描述图片；③及时发布热点信息，有图有真相。

（1）输入标题，上传图片，如图8-16所示。

图8-16　图集编辑界面

（2）设置封面（三图）、分类以及是否允许转载，如图8-17所示。

图8-17　图集设置界面

3. 发布视频

百家号平台发布的视频仅支持MP4、MOV、AVI、MPEG、FLV、RMVB等格式，最大2G，较大视频请压缩后再上传。现在支持同时上传最多10个视频。

（1）上传视频，输入标题，插入话题，如图8-18所示。

图8-18　视频上传界面

（2）设置视频的封面、选择分类、添加标签、填写视频简介，如图8-19所示。

图 8-19　视频设置界面

4. 发布动态

百家号的动态功能与微博类似，可以附带图片、视频和话题等；但又有些不同，其中最大的变化是最多上传9张图片后，可以自行设置封面，这些图片将会作为动态列表的首图出现，与百家号图文或图集的封面功能一致；此外，每条动态最多撰写200字，目前编写时可以换行，发布后也需要通过审核才能推送。图8-20所示为动态的编辑界面。

图 8-20　动态编辑界面

5. 发布合辑

合辑是围绕一个中心主题，添加多个与主题相符合的视频，并将多个视频重新组织和整理，附加自己的想法，形成视频集合。

（1）输入标题，从已经发布的视频中选择要发布的视频合辑，如图 8-21 所示。

图 8-21　合辑编辑界面

（2）设置合辑的封面、分类以及标签，同时填写视频简介，如图 8-22 所示。

图 8-22　合辑设置界面

"百家号"合辑的价值有三种。①优质内容的二次创作——作者可围绕主题聚合现有内容进行二次创作，满足用户深度消费视频的需求；②提高视频播放量——合辑内容具有连贯性、完整性，能够有效刺激用户观看合辑中的全部视频，从而提高合辑中单个视频的播放量；③增加原视频的曝光——发表合辑可将已发表的视频内容再次分发，为原视频增加新的曝光渠道，增加原视频的播放量。

课堂讨论：头条号与百家号在内容呈现上有哪些不同的特点？需要内容策划工作者注意哪些地方？

8.1.3　小贴士：资讯内容平台的内容策划与运营技巧

资讯内容平台运营技巧如下。

技巧一：资讯内容平台的写作技巧

1. 热点话题

头条号可以说是一个内容分享的平台，也鼓励作者分享自己的感受，听不同的声音。自媒体作者都喜欢追热点，但是热点话题的重复性非常高，所以作者可以从不同的角度去诠释这个热点。

2. 内容通俗易懂

根据每个行业的二八定律。观看今日头条的大部分群众肯定不是中高端人群。所以内容要接地气，尽量用简单明了的文字讲述明白。

3. 选材实用或标题吸引眼球

在撰写一篇内容的时候，选题以及拟出好的标题是爆文的法宝。选题具有实用性内容就会有价值，收藏和转发的就多。大家都有好奇的心理，标题如果引人入胜、吸引眼球，点击率就会高。如果选题不错，标题又好，那就不怕在头条号不会成为爆文。

标题写作技巧如下。

（1）与我有关。人们都会关注与自己有联系的事物，比如月薪8000元可以在上海过上怎样的生活。

（2）引起好奇。要吸引人，满足人的好奇心。

（3）呈现利益。很直观的，通过标题就能看出这篇文章能让读者收获什么。

（4）启动情感。启动读者的情感，通过情绪、情感的刺激，达到吸引注意的目的。

4. 好的开头

开头写得不好非但不能吸引读者，还很可能会使读者直接离开，后面的内容写得再好也没有机会被看到。所以，文章的开头一定要竭尽全力引起读者的兴趣。写好开头的方法有以下两种。

（1）很多作者在文章的开头都会讲一件自己的小事，然后通过这件事把话题引出来。讲自己的事情会显得十分真实，读者恰恰很喜欢亲切真实的东西。开头写自己经历的事情也比较省时省力，很容易写。作为写作新手，刚开始的时候，不妨多采用这种方式开头。

（2）开头写名人、明星的故事。名人、明星的故事可信度高，不用讲细节，概括一下，然后引出相关的话题。所写的名人、明星越红越好，故事也要新颖。

除此之外，还有许多开头的写法，大家可以继续探索。

技巧二：头条号的运营技巧

今日头条作为现在最火的新媒体平台之一，也是一个超大的流量池，它是文章的智能推荐系统。

1. 掌握推荐原理

机器对文章进行识别——冷启动阶段（机器把文章推荐给少量精准读者）——续推阶段（根据冷启动数据判断是否续推及推荐量级）——重复上个步骤。

冷启动的读者反馈的数据非常关键（包括点击率、读完率、互动等）。而冷启动中，机器会优先选取头条号的粉丝作为目标读者进行推荐。如果没有粉丝，就全部推荐给陌生读者；如果有粉丝，会推荐给部分粉丝与部分陌生读者。

2. 避免被平台消重

发布文章的时候，必须要面对今日头条的消重机制。基本上，文章被消重之后就很难获得大量的推荐，将直接影响到文章的阅读量和头条号的粉丝量。

今日头条在消重时通常重点关注的几个关键项。

①头条号是否开通"原创"标记；

②发布的时间（首发很重要）；

③来源的权威性和在网络上被引用的次数；

④标题和预览图片的消重；

⑤针对相似主题的消重。

3. 掌握变现渠道

目前头条的主要变现方式有头条号广告、"千人万元"签约计划、头条号赞赏、头条号原创转载、付费专栏、内容电商等。

（1）头条号广告。一般出现在文章尾部，按照阅读量计费，一万阅读量大概有 5～10 元的收益。

（2）"千人万元"签约计划。扶持 1000 个头条号个体创作者，每人每月至少能获得 1 万元的保底收入。

（3）头条号赞赏。作者在为文章打上原创标签后，选择是否"使用赞赏功能"，该功能类似于公众号赞赏，也是出现在文章的尾部。

（4）头条号原创转载。作者通过连载功能发布的作品，将依托头条的大数据智能分发系统，被精准推荐给今日头条小说阅读用户，读者可在小说频道连续翻页式阅读作品。平台帮助连载实现付费转化，当作品与平台签约开通付费后，可为作品设置付费章节。

（5）付费专栏。付费专栏是为头条号作者打造的一种新的内容变现方式，使优质内容变现更简单。专栏作者可以发布付费图文、音频、视频等任意一种形式（也可以同一个专栏多种形式混合）的专栏内容，自行标定价格，用户按需付费购买后，专栏作者即可获得收益分成。

（6）内容电商。在今日头条做电商的工具。

4. 提高推荐量

头条号的成败都在于平台给你文章的推荐量有多少。

（1）提高点击率——标题和封面具有足够的吸引力，表达清晰。

（2）提高用户时长——图文并茂，易读性强。

（3）增加评论数和转发数——内容翔实，给读者干货的感觉；观点鲜明，能引起读者讨论。

今日头条的热词分析功能，可以帮助作者找到比较好的标签，提高文章的推荐量。还有一个技巧，在头条的手机端搜索框输入相关词汇，会有对应文章的标签呈现，多收集这些标签，来慢慢建立自己领域的标签库。

5. 运营的关键指标

头条号运营的效果可以通过一些量化指标进行判断，这些指标大致可分为五种：原创度、垂直度、活跃度、互动度和健康度，如表8-4所示。

表8-4 头条号运营的关键指标

关键指标	含义
原创度	文章的原创度，避免搬运，大数据会检测内容来源
垂直度	注册头条号的时候要选择一个领域，未来产出的内容尽量与账号领域相关，这样机器才能认识你，并且把相应的内容推荐给更多相关领域的人
活跃度	保持更文频率，建议每月更新10篇以上，保持稳定输出
互动度	对用户的文章评论要及时回复，这样会提高账号的权重，推荐给更多的用户
健康度	提高内容排版和配图质量，避免低级标题党、搬运等违规事项

6. 头条认证

头条号的认证和微博认证类似，可以选择"身份认证"和"兴趣认证"。认证之后有独家标识、优先推荐、增加曝光、快速涨粉等特权。

7. 微头条运营

微头条类似新浪微博，在今日头条内发布微头条，是涨粉最快的途径之一。

可以尝试在微头条发以下内容，比较容易引起用户的关注。

（1）快速追热点

头条和微博一样，适合追热点。热点发生后快速在微头条追热点，阅读量会暴增，评论和点赞也会快速增加。

（2）引起思考和讨论的内容

引起讨论的内容最容易在微头条火爆。内容最好能表明自己的观点，然后读者会对观点阐述正面和反面的评论，这时候在评论区会引起激烈讨论，提高了内容的互动率。平台会持续帮你推荐内容，阅读量会持续增加。

技巧三：百家号的运营技巧

1. 内容同步

内容同步包括如下两个方面。

1）平台认证——微信公众号、头条号、爱奇艺号

平台认证是百家号平台的强大功能之一。在进行平台认证后，文章审核通过概率变大。在百家号系统后台页面，点击"百家号设置"中的"内容助手"选项，我们会看到未经授权的账号，分别是微信公众号、头条号以及爱奇艺号。填写完相关信

息之后，即可完成认证。当我们的账号经过授权认证之后，系统就会提升我们文章的审核通过率。

值得注意的是，内容助手功能会自动帮助我们将这三个平台发布的文章，通过自动或手动同步到我们的百家号平台上。并且不占用我们百家号的发文篇数，最大化地增加我们的品牌曝光度。

2）百度联手人民日报，账号互通，流量扩大

2018年，百度与人民日报展开全方位战略合作。人民号是百度协助人民日报搭建的网络平台，双方平台实现账号互通，流量与曝光度双倍呈现。

百家号发布的文章可以同步到人民号上，增加文章的曝光量，实现平台互相引流。而想要把百家号的内容同步到人民号上，点击"百家号设置"中的"功能设置"选项，下拉到页面最底部，可以看到"其他设置"项，出现允许您的内容同步发布到人民号的信息，点击"同意授权"，勾选授权协议，点击"确定"即可。

账号审核通过之后，我们所发布的文章就会同步到人民号上，获得双重流量与曝光度。

2. 图片素材使用技巧

图片素材使用技巧包括如下几个方面。

1）图片来源

图文并茂更容易吸引用户的兴趣，在文章中插入图片是很有必要的。图片的来源不仅仅是单纯的自有图片，还可以使用正版图库和素材库中的图片。现在，平台新推出了网盘图片，在进行授权后，也可以直接选用百家号和百度网盘上的图片。高清、免费素材库的进一步扩充，既方便我们进行后期的素材采集，同时也避免了侵权问题的发生。

2）图片"编辑+搜图"，美化视觉效果

另外，在上传图片时建议大家对图片进行二次加工。一是为了美化视觉效果，二是为了避免侵权。上传图片之后，点击"编辑"选项，不仅可以对图片进行裁剪，还可以为它添加滤镜。为了方便用户在移动端阅读，大家可以对图片进行适当地裁剪，选择滤镜时，可采用美化、鲜明、冷色等多种色调，还可以对图片进行旋转放大等操作。点击"搜图"选项，可以搜索到众多相似且免费的正版图片，可以选择合适的图片直接替换原图。

3）话题功能上线，解锁更多流量

百家号后台早已上线了图文和视频添加话题功能。作者在发文时可以搜索、添加话题。添加话题的优质内容，不仅会容易获得更多的流量和关注，也会获得话题运营方的重点推荐。另外，添加的话题需要与图文或者视频主题一致。比如我们经营一个旅游账号，发布了一篇关于旅游攻略的文章或视频，就可以直接手动搜索、插入与旅游及美食文化相关的热点话题。当用户看到我们的文章之后，点击话题即可进入"落地页"，该篇图文或视频也会因进入话题"内容流"而获得更多的曝光。

如果主题不符，是无法通过审核的。需要注意的是，单篇图文或视频只能添加一个话题。

3. 巧用"百家榜"，扩大账号的影响力

2019年7月，"百+"计划全面升级为百家榜，将榜单综合账号的原创内容、内容质量和账号影响力等核心指标进行排序。榜单每月发布一次，旨在衡量账号的综合影响力。排名越靠前，影响力越大。榜单涵盖财经、动漫、教育等19个垂直领域，系统会从中挑选出优质账号上榜。上榜的作者不仅会获得平台补贴，还会获得系统的海量流量，优质内容条件如下。

① 标题用词严谨，客观真实，表意完整；
② 配图清晰完整，图片之间逻辑关联性强，图文高度相关；
③ 主题与标题高度相符，内容需有客观观点及独到的分析，用词严谨流畅，分段合理，有一定的文学性；
④ 视频画面清晰流畅，无杂音，选题独特，具备一定的制作水平。

在运营百家账号的时候，可以参考如下建议。

① 提升百家号指数，百家号指数由内容质量、领域专注、活跃表现、原创能力和用户喜爱五个维度组成，分数越高，代表账号质量越好，权益越多；
② 文章标题简洁有力，切合文章内容，具备话题性但不低俗，避免使用故弄玄虚、震惊耸动的标题；
③ 避免出现违规内容，比如"标题党"，避免文章内容出现营销推广信息等。

课堂讨论：百家号和头条号内容运营的通用技巧有哪些？资讯内容平台的内容策划与运营的通用技巧又有哪些？

8.2 社交平台内容实战

微信公共平台或者微博平台除了可以实现服务营销与客户之间的关系管理之外，还可以作为自媒体的平台营销工具。作为自媒体平台的微信、微博具有多重特质——内容为王、具有传播者人格魅力、与受众互动多等，具有强大的黏性和庞大的受众群体。

在微博营销时代，很多网络红人开始利用自己的影响力做广告、卖产品。在微信营销时代，更多的网络红人把自己在微博或其他网络平台上的人气与影响力转移到了微信上。这些人的粉丝数量非常庞大，从几十万到几百万不等。他们推广自己微信公众号的重要手段之一，就是通过微博或其他互联网平台进行广而告之。

凡是做自媒体平台比较成功的，基本上都是微博或者微信影响力比较大的意见领袖。

图8-23所示为微信App的应用图标和微博App的应用图标。

图 8-23　微信 App 的应用图标和微博 App 的应用图标

8.2.1　任务一：发送一篇微信公众号推文

微信是腾讯公司于 2011 年 1 月 21 日推出的一个为智能终端提供即时通信服务的免费社交程序。微信支持跨通信运营商、跨操作系统平台快速发送免费（需消耗网络流量）的语音短信、视频、图片和文字。另外，也可以通过共享流媒体内容的资料和基于位置的社交插件"摇一摇""朋友圈"等服务插件发送内容。

微信提供了公众平台、朋友圈、消息推送等功能，用户可以通过"摇一摇""搜索号码""附近的人"及扫二维码的方式添加好友和关注公众平台，可以将内容分享给好友，可以将看到的精彩内容分享到微信朋友圈。图 8-24 所示为微信图标与登录界面的图案。

图 8-24　微信图标与登录界面的图案

对于新媒体内容来说，定位就是定位目标人群，目标人群喜欢什么，就给他们提供什么。要定位目标消费群体，就要了解消费群体的喜好，明确他们的行为动机。可以根据公众号了解要服务或推广的人群的地域、年龄、性别、教育程度、收入、行业等特点，根据这些特点策划公众号的运营内容，设计出他们喜欢的风格、特色和服务方式。表 8-5 所示为微信公众平台的定位分析。

表 8-5　微信公众平台的定位分析

	微信公众平台的定位
地域	地域是影响用户行为的重要因素，不同地区的用户在文化、习俗、喜好上都会有一定的差异性。比如南方和北方的生活习惯、风俗喜好等不尽相同；一二线城市和三四线城市的生活观念、消费水平、接受能力不同。所以，公众号在面向不同地域的用户运营时，需要有一定的针对性，采用不同的互动方式

续表

微信公众平台的定位	
年龄	不同年龄阶段的需求是不一样的。年轻人喜欢新鲜事物，接受能力强。轻松的段子、网络热点、流行时尚对年轻群体都有强大的吸引力；但这些内容却难以引起中老年人的注意和喜欢，生活周边、健康养生等内容更受中老年人的青睐
性别	性别也是新媒体运营中影响用户行为的重要因素之一，文案和内容的要求也不一样。比如娱乐、星座类的内容更受女性用户欢迎，而科技、汽车等内容则更受男性用户欢迎。因此，需要根据用户性别的不同，对运营风格做出相应的调整
教育程度	用户受教育程度不同，他们能接受的文化、风格、内容就会不一样，受教育程度越高，对内容的要求也会越高
收入	将产品推广给能够承受其价格的用户，才会成交。只有收入合适的用户才能成为产品的核心用户
行业	行业不同，用户的关注点就可能不同。所以，推广需要与行业相匹配，要为目标用户人群设计他们关注的内容

微信公众平台主要包括服务号、订阅号、小程序和企业微信 4 种类型，如图 8-25 所示。

图 8-25　微信公众号的 4 种类型

任务一"发送一篇微信公众推文"的步骤如下。

首先，要根据需要推广的产品，对目标用户人群进行分析定位。其次，设计微信推文内容，包括语言、风格、内容、排版，要求内容有创意，排版整齐，图文并茂，然后在自己的个人公众平台上发布。最后，通过多种渠道对该篇推文进行宣传推广，以浏览量、点赞数等数据为依据进行评比。

可以进一步分为以下几个细分步骤。

（1）先将想要发布的内容在文档编辑软件中进行排版编辑；把图片单独存储在同一个文件夹，方便查找，如图 8-26 所示。

图 8-26 文档的编辑界面与图片文件夹的截图

（2）进入微信公众平台，依次点击管理→素材管理→新建图文消息，即可编辑图文，如图 8-27 所示。图文消息内容没有图片数量限制，正文里必须要有文字内容，图片大小加正文的内容不超过 20000 字即可（截至 2021 年 7 月微信公众号平台的操作界面）。

图 8-27 素材管理界面

（3）编辑图文内容，包括标题、摘要、正文内容以及封面，如图 8-28 所示。

图 8-28 编辑图文内容的界面

（4）编辑好内容后，点击预览，发送内容到你的个人微信账号，检查一下格式和内容，无误后保存。

目前微信公众平台图文消息在群发之前，可以选择"发送预览"，输入个人微信号，发送成功后则可以在手机上查看效果。发送预览只有输入的个人微信号能接收到，其他粉丝无法查看。目前预览的图文不支持"分享到朋友圈"，可以分享给微信好友或微信群。图 8-29 所示为发送预览界面。

图 8-29　发送预览界面

将文章进行推广，以浏览量和点赞量等数据为依据进行评比，相互交流经验。

8.2.2　任务二：个人微博账号日常运营

微博作为新媒体平台，使你既可以作为观众，在微博上浏览自己感兴趣的信息；也可以作为发布者，在微博上发布内容供别人浏览。

微博，即微型博客（MicroBlog）的简称，也是博客的一种，是一种通过关注机制分享简短实时信息的广播式社交网络平台。微博基于用户关系进行信息分享、传播以及获取，用户可以通过 WEB、WAP 等各种客户端组建个人社区，以 140 字以内（包括标点符号）的文字量更新信息，并可实现即时分享。微博的关注机制分为单向、双向两种。早期知名的微博平台有新浪微博、腾讯微博、网易微博、搜狐微博等，但如没有特别说明，微博就是指新浪微博，图 8-30 所示为新浪微博的徽标。

图 8-30　新浪微博的徽标

自 2009 年 8 月上线以来，新浪微博就一直保持着爆发式的增长模式。2010 年 10 月底，新浪微博注册用户数超过 5000 万户。2014 年 3 月 27 日，新浪微博正式更名为微博。2014 年 4 月 17 日晚，新浪微博正式登陆纳斯达克（NASDAQ）上市，股票代码为"WB"。

2019 年 12 月，新浪微博入选"2019 中国品牌强国盛典榜样 100 品牌"。

图 8-31 所示为新浪微博的徽标以及授权登录界面。

图 8-31　新浪微博的徽标以及授权登录界面

微博营销有 5 大特点，如图 8-32 所示。

图 8-32　微博营销的五大特点

1. 内容精炼

微博最多可以发送 140 个汉字，这要求微博内容简明扼要。企业或个人可以通过发布多条微博，增加传递的信息量。图 8-33 所示为雅诗兰黛集团的微博。

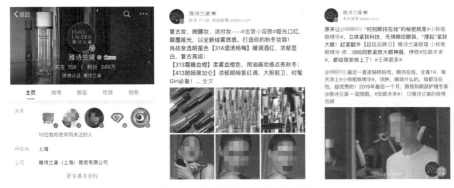

图 8-33　雅诗兰黛集团的微博

2. 即时搜索

用户可以随时发布微博，微博中还可以随时搜索到所有用户发布的帖子，包括最新发布的。图 8-34 所示为微博搜索与热搜界面。

图 8-34　微博搜索与热搜界面

3. 传播速度快

如果你发布的微博内容有价值和亮点，你的粉丝可能会转发你的微博，使粉丝的粉丝也可以看到你所发布的内容。如此循环，一些微博可以在很快的时间内传播给很多的人。

图 8-35 所示为微博评论界面与用户对微博的转发界面。

图 8-35　微博评论界面与用户对微博的转发界面

4. 用户之间平等交流

在微博平台上，不论是名人政要还是普通群众，用户人人平等。你不仅可以关注自己的偶像并看到他们的帖子，还能与他们进行互动。另外，微博上的帖子以及评论通常都比较轻松，与其他相对严谨的媒体而言，更容易促进用户之间的平等交流。

图 8-36 所示为某明星的微博以及微博官方认证界面。

图 8-36　某明星的微博以及微博官方认证界面

5. 开放式讨论方式

话题是微博的特色之一。微博上所有讨论的话题都是开放式的，任何人只要想参与，都可以参与进来。当你讨论一个话题时，每个时间段都可能有不同的用户参与到讨论中来，这种机制使微博的讨论中时常会产生更多新奇的观点。图 8-37 所示为微博的话题榜单界面。

图 8-37　微博的话题榜单界面

任务二"个人微博账号日常运营"的步骤如下。

（1）申请微博账号，结合个人的特点或特长，设置个人信息，并初步为自己定位。例如美妆博主、摄影博主、资讯博主等。

（2）依据个人微博定位与表 8-6 完成微博的日常运营活动，要求发布的微博内容属于标签领域范围。

表 8-6　微博内容的运营计划

项目			工作方法
内容	时间	周一至周五	① 8:00～8:30，发布当日第一条"早安微博"； ② 10:00～10:30、11:30～12:30、14:30～15:30、16:30～18:00、20:30～21:00，每个时段各发布一条微博； ③ 23:00 左右，发布当日最后一条"晚安微博"； ④ 每天微博发布不少于 7 条
		周六、周日	① 9:00～9:30，发布当日第一条"早安微博"； ② 11:00-12:00、14:00～16:00、18:00～19:00、21:00～22:00，各发布一条微博； ③ 23:00 左右，发布当日最后一条"晚安微博"； ④ 每天微博发布不少于 6 条
	具体运营内容	早、晚微博问候	每天 8:30 与 23:00 左右向微博粉丝们说早安与晚安
		原创微博	关于旅游 / 摄影 / 娱乐等话题，发布时，尽量以文字 + 图片、文字 + 视频 / 音频、文字 + 图片 + 视频 / 音频的形式发布
		热门转发	热门的新鲜事 / 情感小哲理 / 娱乐 / 搞笑等内容转发
		公司信息公告	新店开张 / 网站改版 / 公司的新促销活动等信息的发布

（3）参考表 8-7 微博活动运营计划与表 8-8 微博推广运营计划，挑选你喜欢的企业，尝试在个人微博上开展活动，并进一步进行推广。

表 8-7　微博活动运营计划表

项目		工作方法
活动	专题类 发布频率/时间	每月 1 场，发布时间参考 9:00～10:00、16:00～18:00、22:00～23:00，也可以视活动实际情况而定
	专题类 发布形式	利用企业微博页面上的活动栏做活动，活动项将收录至微博活动这一应用中，因此更适合正式一些的活动，也可以配合假日或网络热门话题发起活动
	有奖互动类 发布频率/时间	每月 2～3 场，此类活动发布避开专题活动进行的时间，避免影响专题活动效果
	有奖互动类 发布形式	可利用微博的活动栏，也可直接发布微博，利用粉丝的相互转发达到推广的目的
	其他非正式类活动 发布频率/时间	每周 1 次，此类活动发布避开专题活动与有奖活动进行的时间，避免影响以上活动的效果
	其他非正式类活动 发布形式	推荐有礼、提问有礼等

表 8-8　微博推广运营计划表

项目		工作方法
推广	微博外联 与异业企业合作	通过联合做活动、相互转发内容等形式，达到推广的目的
	微博外联 与粉丝数高的博主合作	通过付费或不付费合作的形式，请这些粉丝数高的博主转发、推荐微博
	微博外联 付费推广	通过平台发布任务的形式推广，以其他付费形式推广
	内部推广 各城区微博之间的互动	通过各城区微博之间相互转发等形式，提高微博的互动性
	内部推广 员工对微博关注并互动	公司员工对官方微博进行关注，并转发一些活动或者有意思的话题
	内部推广 官网首页的支持	与官网相互推广与支持
	线下推广 各门店部分海报、单页的支持	对于一些长期、重要的活动可以在门店放置一些宣传资料
	线下推广 各门店大堂视频的支持	可通过技术手段实现微博的直播
	线下推广 各门店前台的推荐	对于一些重要的活动，前台可介绍活动的相关信息

课堂讨论：微信公众号推文内容和微博内容有哪些相同之处？有哪些不同之处？

8.2.3 小贴士：社交平台内容策划与运营技巧

社交平台内容的运营技巧如下。

技巧一：微信公众号文案内容包装

一篇高质量的文案，标题、开头、内容、结尾方方面面都要布局好，既要做好"标题党"，更要做好"内容王"，打造高质量的文章。图 8-38 所示为撰写推文的步骤。

图 8-38　撰写推文的步骤

1. 确定标题

写好一个标题，并不是为了让你做标题党。标题是文章内容的高度概括，需要有说服力的内容做支撑，才能够获得用户的认可。但标题要有关键词并与内容相关，切忌做标题党。

（1）新闻类标题：XXX 打车——年轻女孩该如何保护自己。

（2）问题解决类：30 岁还是办公室文员？XXX 总监告诉你职业生涯的五条规划。

（3）成功逆袭：中年大叔考上大学！就问你服不服。

（4）制造冲突：一个母亲写给女儿的信——30 岁的你不用急着出嫁。

（5）行业模板：学会这三点，半小时成为 XX 高手。

2. 撰写开头

第一句话与第一自然段很重要，要能吸引读者往下读。在必要场合，文章的第一句话可以热辣劲爆，甚至有煽动性。

（1）开门见山法：直接点出文章的中心，让人一目了然。

（2）耸人听闻法：在开头引起读者的恐惧与恐惧心理，真的会这样子吗？

（3）问句开头法：让读者在文章中寻找答案。

（4）排比句法：在写议论文的时候，这个方法是百试不厌的。

（5）下结论法：在开头写出结论，文章直接推出论据。

3. 包装内容

1）相关法

将内容与美好的词汇和事情联系起来，让读者产生直观的联想。

例如：汇源果汁——夏天里冰镇汇源果汁的味道，像恋人之间最清新的吻！

2）意见领袖证言法

将内容与权威的事物或言论等台词联系起来。

例如：碧浪——不需要花心思讨好讨厌你的人，让她随心所欲地讨厌你吧！

3）普遍法

传递出与大家一样的观念，反复强调每个人都知道这是潮流趋势。

例如：百事可乐——大瓶盖的秘密，不知道就"凹凸"了。

4）段子法

网络上流行的各种语录体：淘宝体、凡客体等。

例如：德克士——亲，周一到周四每天中午十一点的超值套餐，记得给好评哦！

5）卖萌法

合理卖萌，拟人化的表达，善用表情和标点。

6）贴近网络语言

将枯燥无趣的内容用趣味的方式进行讲述和沟通，例如地方方言、网络用语等，同时也可以考虑在该部分大量使用拟声词、谐音词、声音重复强调。

7）话题法

品牌联系搭配潮流话题，构造一次话题事件，结合每日的热点事件引起关注。

8）语法简化

尽量不使用复合句，以简单句、非谓语句、感叹句、省略句为主，这种简单的语句更符合碎片化时间下人们的阅读习惯——简单、易懂。

例如：脑白金——今年过节不收礼，收礼还收脑白金。

4. 撰写结尾

（1）点题式：醒目的字眼再次点题，加深读者印象。

（2）互动式：抛出问题引起大家思考，希望征求大家的意见。

（3）扩散式：病毒式传播角度或公益性传播的强调，引起大家分享的意愿。

技巧二：微信公众号排版技巧

微信公众号内容的排版主要针对的是正文的排版，正文主要是文字和图片素材，有些还有语音。排版主要是按照一定的结构合理地布局正文中的文字、图片和语音素材，使其分布在合适的位置，使读者看起来舒服就可以了。我们首先了解一下常用的排版软件。

① 135 编辑器；

② 秀米编辑器；

③ 微小宝编辑器；

④ i 排版；

⑤ Markdown。

那么微信公众号排版有什么技巧呢？下面我们来学习一下。

1. 两端对齐

"两端对齐"的格式对文章的整体感有很大的提升，如果没有使用两端对齐的话，文章会七扭八歪，可读性大大缩水。

2. 图片要精挑细选

图片要精心筛选，尽可能地选择清晰、美观的图片。图片选取时还要注意版权问题，要选择无版权的素材或者被作者授权的素材，否则很容易出现侵权问题。另外，图片的尺寸要统一，不能有其他水印，否则看起来杂乱无章，很不专业。

3. 选择合适的字号和字体

字号要根据公众号的受众群体进行选择。如果走文艺风用小号字体比较合适，比如 14 号。如果读者年龄层比较大就需要 16 号以上的字体了。通常情况下，15 号字体是够用的。字体尽量不要使用默认的字体，安卓手机可以使用微软雅黑，苹果手机可以使用苹果独有的那几种字体，效果更佳。

4. 首行不要缩进

纸质媒介或者说传统的媒介，每个段落的首行空两个字符是标准格式，就像我们在语文考试中写作文一样。但手机不是报纸和杂志，如果首行缩进两个字符是非常不符合使用习惯的。所以切记不要空两格，这种习惯在传统媒体转过来的媒体人身上体现的比较明显。

5. 排版颜色不要太多

排版颜色不要使用过多，五彩斑斓会让人觉得杂乱。很多人喜欢用各种颜色标注，都标注就等于没标注，所以要控制颜色使用。

6. 在手机上预览

电脑上的编辑结果只是参考，由于各种软件的兼容性问题，很多结果并不是最终呈现在用户面前的结果，所以最好多在手机上预览，才能发现真正的问题。

7. 控制每段的字数

现代生活节奏较快，长文已经不符合现代人的阅读习惯。太长的文章会提高阅读的门槛，提高阅读的时间成本，让人望而生畏，失去继续阅读的欲望。

8. 适当做出段落的区隔

空行、空段的控制要得体，如果太紧密，和段落及字数多一样，很多人就会放弃阅读，可以通过使用空格或者加入图片等方式来解决问题。

9. 借助第三方工具

第三方工具一般提供了更好的操作体验、更多的服务，如版权图、全文模板、样式等。这样，就不需要作者在排版方面投入太多的精力，起到事半功倍的效果。

图 8-39 所示为微信公众号的内容排版案例。

图 8-39 微信公众号的内容排版案例

课堂讨论：结合微信公众号推文的排版技巧，思考新浪微博的排版技巧有哪些？

技巧三：新浪微博的内容定位技巧

比较热门或具有一定影响力的微博，通常具有统一的内容主题和与内容相符的描述风格，不仅方便粉丝辨别，也容易形成独特的个性化风格，扩大影响力。一般来说，在进行微博内容定位时，主要可以从发布形式和微博话题两个方面进行设计。

1. 发布形式

微博的发布形式非常多元化，文字、图片、声音和视频均可，还可以根据实际需要设置投票和点评，甚至可以进行直播。不同的发布形式，通常具有不同的效果，比如在某领域比较专业的微博，通常采用文字、图片的发布形式，微博内容也多以自己专业领域的知识为主。图 8-40 所示为华西医院某医生的微博内容。如果微博内容定位偏向娱乐化，则发布形式就可以比较随意，文字、图片、视频和声音皆可，主要以各种或长或短的段子为主要内容，目的是娱乐大众。图 8-41 所示为某娱乐微博的内容。如果微博定位偏向情感化或理性化，则通常不发布和评论娱乐段子，也极少参与微博上比较对立、激烈的讨论。

图 8-40 华西医院某医生的微博内容

图 8-41 某娱乐微博的内容

2. 微博话题

在微博上发布话题可以引起更大范围的讨论和转发，如果讨论的人数很多，还可能升级为超级话题，产生更广泛的传播效果。微博话题可以设置主持人，主持人对话题具有部分管理权限，可以对话题页进行编辑、更换话题头像、编辑话题简介，还可以发起关注和讨论，推荐优秀的话题微博，提升信息的传播度和影响力。如果话题运营得当，还可以打上品牌标签或个人标签，成为微博特色，促进信息的推广，图 8-42 所示为新浪微博话题榜单。

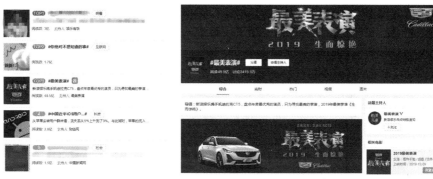

图 8-42　新浪微博话题榜单

技巧四：新浪微博内容运营技巧

微博营销推广像其他的网络推广媒介一样，需要花大量的时间和精力用心经营。如果你以为增加几千个粉丝就可以了，那就大错特错了。因为你最终的目的是期望通过微博营销赢利，所以你更多的关注点要放在：怎么引导你的粉丝，怎么把流量转化成销量。

1. 微博素材收集

微博素材的收集需要建立在微博定位的基础上。有针对性地寻找与微博定位相匹配的内容，才能保持持续、有效的微博信息更新。

1）热点话题素材

热点话题永远是微博上传播最广、影响力最大的素材，特别是知名度比较大的社会话题。此类话题不仅能被各大电商、企业加以利用进行营销，也是很多自媒体、大 V 号吸引流量的主要手段。能否正确、及时地进行热点话题借势，直接关系到微博营销的最终效果。要做好热点话题借势，微博营销人员必须养成多阅读、多观察、多分析的习惯，勤于关注网络上的各种事件，关注热点新闻，并将关注到的热点、有价值的素材收集起来，结合自己的微博定位设计合适的微博内容。图 8-43 所示为微博的实时热点与"热点新闻"微博界面。

2）专业领域素材

专业领域素材是指与微博定位相匹配的内容，也是吸引粉丝的主要内容，比如娱乐微博的娱乐信息、科普微博的科普信息等。这些专业素材的获取和整理有很多途径，可以通过专业网站寻找相关信息，比如中国知网、万方数据知识服务平台等权威网站。如图 8-44 所示。可以阅读行业内的优秀作品，也可以阅读简书、豆瓣等网站中的专业人士的文章等。只有通过不断地积累知识，提升自己，才能为粉丝分享更多、更有用的信息，引起粉丝的持续关注。

图 8-43　微博的实时热点与"热点新闻"微博界面

图 8-44　中国知网、万方数据知识服务平台

2. 微博发布时机

发布微博并没有固定的时间段，需要根据实际反馈进行动态调整，比如在不同的时间段发布微博，测试出活跃度最高、转发评论量最多的时间段，将重要微博安排在该时间段发布。根据微博定位的目标人群使用网络的习惯进行发布也是技巧之一。比如针对上班族，可以选择上下班途中、午休时间进行发布；针对学生则在晚上发布也能获得不错的效果。

此外，微博类型不同，也可以选择不同的发布时间，比如节日微博、热点事件微博等。图 8-45 所示为某男明星的新年祝福微博与某女明星的教师节祝福微博。

图 8-45　某男明星的新年祝福微博与某女明星的教师节祝福微博

3. 微博粉丝互动

粉丝互动是社会化媒体营销的关键过程，也是微博营销的重要步骤。与粉丝保持良好的互动，可以加深博主与粉丝的联系，培养粉丝的忠诚度，扩大微博的影响力。因此，在微博营销的过程中，粉丝互动具有重要的意义，甚至直接关系到营销效果。微博上粉丝互动的方式很多，可以参与转发和评论，也可以通过转发抽奖、话题讨论等方式引导粉丝主动参与互动。同时，微博信息的阅读量直接与粉丝互动情况相关，粉丝互动越频繁，微博被更多粉丝看到的可能性也会越大。反之，互动少的微博将难以在粉丝微博首页占据有利的展示位置。图 8-46 所示为微博抽奖平台与海尔医疗抽奖微博。

图 8-46　微博抽奖平台与海尔医疗抽奖微博

4. 转发和原创

转发和原创都是微博信息发布的常见形式，转发是指转发其他微博发布的信息，原创则是自己创作微博内容。一个微博营销账号要想获得忠实的粉丝，通常需要保持一定比例的原创文章数量，特别是定位于某个领域或行业的比较专业的微博。原创微博的运营难度较大，原创内容要经过充分的构想和策划。越能给用户带来价值的原创文章，越能引起更多的转发和关注。图 8-47 所示为热度较高的微博。

图 8-47　热度较高的微博

5. 微博内容设计

微博信息发布一般比较随意，并没有严格的内容和形式要求，但是要想使微博信息得到关注和传播,还需要有针对性地进行设计。原则上说,有价值的、发人深省的、容易让人产生认同感的、有趣的内容更受用户的欢迎,也更容易获得评论和转发。图 8-48 所示的微博,左侧的微博因容易引起粉丝的讨论互动,右侧的微博因容易引起粉丝的共鸣而转发。

图 8-48 两种风格的微博

课堂讨论:结合个人体验并查阅资料,思考新浪微博在内容运营方面还有哪些技巧。

8.3 内容电商平台实战

小红书是一个生活方式平台和消费决策入口,创始人为毛文超和瞿芳。截至 2019 年 7 月,小红书的用户数量已超过 3 亿人;截至 2019 年 10 月,小红书月活跃用户数已经过亿,其中 70% 的新增用户是 90 后。在小红书社区,用户通过文字、图片、视频笔记的分享,记录了这个时代年轻人的正能量和美好生活。小红书通过机器学习,对海量的信息和人群进行了精准、高效地匹配。图 8-49 所示为小红书的 App 图标和宣传海报。

图 8-49 小红书的 App 图标和宣传海报

和其他电商平台不同，小红书是从社区起家的。一开始，用户注重于在社区里分享海外购物经验，后来，除了美妆、个护，小红书上出现了关于运动、旅游、家居、旅行、酒店、餐馆的信息分享，触及了消费经验和生活方式的方方面面。如今，社区已经成为小红书的壁垒，也是其他平台无法复制的地方。

小红书作为一个生活方式社区，其最大的独特性就在于大部分互联网社区更多的是依靠线上的虚拟身份，而小红书用户发布的内容都来自真实生活。一个分享用户必须具备丰富的生活和消费经验，才能有内容在小红书分享，继而吸引粉丝关注。

图 8-50 所示为小红书平台用户发布的笔记。

图 8-50　小红书平台用户发布的笔记

大部分网络社区都是虚拟社区，用户在线上消费内容，体验也在线上结束。而小红书被称为"三次元社区"，这是因为用户在小红书不管是看了美食，还是看了旅行目的地，他都必须回到现实生活中去消费，才能完成这个体验。在小红书，一个用户通过"线上分享"消费体验，引发"社区互动"，能够推动其他用户去"线下消费"，这些用户反过来又会进行更多的"线上分享"，最终形成一个正循环。而随着人们生活越来越走向数字化，小红书社区在"消费升级"的大潮中将发挥更大的社会价值。

课堂讨论：内容电商平台除了小红书还有哪些？

8.3.1　任务一：热门小红书"种草"内容及账号调研

热门小红书"种草"内容调研的步骤如下。

（1）打开小红书，进入"推荐"界面，浏览其中的"种草"内容（建议分别选择几个不同类型的内容），观察并分析以下几个方面的问题。

①该"种草"内容的文案内容和图片内容有哪些特点？
②哪些类型的小红书内容更容易被大量点赞和收藏？
③这些"种草"内容被大量点赞和收藏的原因是什么？

结合观察与分析的内容，完成表 8-9 热门小红书内容调研表。

表 8-9　热门小红书内容调研表

标题文案	
"种草"内容文案	
图片示例 （需标注封面图）	

文案及图片特点分析：

（2）点击进入热门内容的小红书主页，观察该账号的粉丝、获赞与收藏的相关数据，分析该账号运营好的原因有哪些？

（3）根据上述实训任务，完成表 8-10 小红书运营分析表。

表 8-10　小红书运营分析表

账号名称	
内容特点	
粉丝数量	
获赞与收藏数据	

运营技巧：

8.3.2　任务二：发布小红书"种草"笔记

发布小红书"种草"笔记的步骤如下。

（1）选择一款产品作为小红书"种草"笔记的对象，可以是"爱用好物"，也可以是线下"吃喝玩乐"的场所推荐。

（2）围绕"种草"对象开展调研（个人体验、资料收集），结合调研情况编写"种草"笔记文案并拍摄推荐图片，完成表 8-11 小红书"种草"笔记内容策划表。

表 8-11　小红书"种草"笔记内容策划表

"种草"对象	简介	
	特点（优缺点或卖点）	
	"种草"思路	
文案内容	标题	
	内文	
图片	封面图	
	其他图片	

（3）将文字内容和图片内容在小红书软件中进行编辑、排版并发布。图 8-51 所示为小红书笔记的发布流程（截至 2021 年 7 月小红书平台操作界面）。

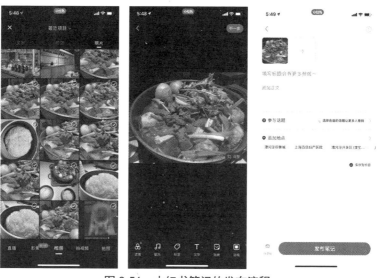

图 8-51　小红书笔记的发布流程

8.3.3 小贴士：小红书平台内容策划与运营技巧

小红书平台内容的运营技巧如下。

技巧一：一篇好的"种草"笔记要有特质。

小红书"种草笔记"的核心在于有没有价值。这个"价值"所包含的内容非常广泛，可以是好物分享，也可以是干货指南，总结来说就是一句话"帮人解决问题，让人有所收获"。

那么，一篇好的小红书"种草"笔记有哪些特质呢？

1. 首图

人是视觉动物，视觉上具有吸引力，用户才有可能打开笔记观看。建议在能力范围之内保持图片最清晰的状态，最好采用情境式的图片，有条件的话可以加上一些装饰。

2. 标题

同微信公众号一样，小红书"种草"笔记的标题必须吸睛，以消费者的痛点为切入点是最常见的做法。但值得注意的是，小红书"种草"笔记的标题不能像公众号或资讯内容平台的文章标题那样煽情，除非其本身的内容适合，这是受众类别决定的。

除此之外，最好不要把产品名称整个放在标题里，看起来太像生硬的广告，会给用户带来不适感。

3. 内文

内文字数在 300～400 字为宜，不宜过长也不宜过短，其结构可以参考一个公式"我的人设 x（我的困难 + 我的痛点 + 产品解说 + 产品价值）"。

（1）我的人设：假设自己的身份，例如青年女性、新手妈妈或者大学生，也可以是追求美白阶段、健身阶段的人群等，然后再从这个人设去写下面的内容。

（2）我的困难：从人设开始延展出发生了什么问题、困扰了多久，但这些问题遇到这个产品后就解决了。

（3）我的痛点：自己在买这样的产品时通常会有什么疑虑，是在什么场合接触到的产品，会考量什么（价格、功能）后才买，会听谁（闺蜜、明星、专家）的推荐之后才买。

（4）产品解说：把产品的卖点与自己的问题结合起来，例如自己还处于健身减肥阶段，吃了这款产品以后既不长肉又有饱腹感，非常适合自己。

（5）产品价值：产品使用后带给自己实质的帮助，以及自己未来为什么会需要它，或是补充使用的注意事项。

内文和标题中可以采用表情符号，起到画龙点睛的作用，除了可以优化排版外，还能增加笔记的可读性。

4. 话题

通常，品牌方会规定一个话题，如果自己写的话，建议带上一个和笔记主题相关的话题，要选择有 5 万热度以上的话题。

5. 地点

如果做的是探店和美食类的笔记，建议必须加上地点，这样能在小红书上获得更多的本地访问。

6. 标签与关键字

这是指图片上的标签，建议每一张图上都加上 2～5 个和产品、卖点等相关的关键词，这会成为用户搜索时的关键词依据。

关键词布局很重要，用户在小红书上是通过"搜寻"来寻找笔记的，所以在撰写时第一段和最后一段必须适当地加入关键词。

技巧二：如何包装小红书"种草笔记"

1. 警示法避坑

警示法是指给某思想或某事物赋予一个不好的标签，使我们不经过检查证据就拒绝和谴责这种思想。

例如在减肥瘦身类型的小红书笔记中，奶茶、炸鸡、火锅等高热量食物都被贴上了负面标签，这些食物名称的出现，就会让用户下意识地产生"抗拒"，因此要注意类似问题的出现。

2. 光环法加持

光环法是指将某事物和好字眼联系在一起，借助好事物的光环，使人们不经证实就接受或赞同它。

例如在小红书的化妆品、护肤品笔记中，有不少主打"纯天然""无添加""纯植物""来自原产地"的产品，都成为用户的青睐之选。这类产品倾向于选择健康、绿色的概念，用户在看到相关的笔记时就会接受或者赞同，认为这是一款不错的产品，激发购买行为。注意，使用上述用语须有产品的质检证书作为凭证，切勿将非纯天然的产品描述为纯天然。

3. 借力"东风"

借力"东风"其实是指将具有某种权威、影响力、声望的事物的威信转移到另一个事物上，使后者更容易被接受。

例如在推荐某产品时，可以阐述其是某明星、红人青睐的好物，也可以讲解其经过某权威机构的检验，有怎样的效果等。

4. 亲民政策

小红书的联合创始人瞿芳在接受采访时曾表明："要让每个消费者都成为种草人。"小红书拥有海量的用户原创力量，很多用户都是"素人"，他们会种草一些自己用过的好物，分享自己"被种草"的产品体验和踩过的坑，试图向"小红薯"们说明"平常人用的好物也值得拥有姓名"，因为"大家好才是真的好"。

5. 隐藏话语

小红书种草的一些美妆产品，往往会被贴上"好用""滋润""不伤肤"等标签，而当用户真正了解了详情之后，才发现这件商品除了好用之外却有一个致命的缺点——非常非常昂贵。这种做法可以总结为：只提供对己方有利的宣传信息，而隐藏对自己不利的信息。

6. 全面包围

火爆全网的一款美食汇掀起了一阵流行风尚，大家去该美食店在全国各地的店铺，在小红书上发布笔记，形成了全民美食的氛围。其他用户看到时也会心动，会产生一种"大家都去玩了，那我也要去"的欲望。

课堂讨论：通过小红书平台的实战学习，思考内容电商平台的内容策划与运营有哪些通用技巧。

8.4 短视频平台实战

抖音隶属于北京字节跳动科技有限公司，是一款可以拍短视频的音乐创意短视频社交软件。目前，抖音已经成为了品牌们进行短视频内容生产、实现用户沟通、促进销售转化的新阵地。

抖音软件于 2016 年 9 月上线，是一个专注于年轻人的音乐短视频社区的平台。用户可以通过该平台选择歌曲，拍摄音乐短视频，形成自己的作品。抖音背靠擅长机器算法的科技公司——今日头条。抖音团队的目标是做一个适合年轻人的音乐短视频社区产品，让年轻人喜欢玩，能轻松表达自己。抖音自 2016 年 9 月上线以来，发展非常迅速。图 8-52 所示为今日头条的徽标。

图 8-52 今日头条的徽标

最初，抖音邀请了一批中国音乐短视频玩家入驻平台，吸引了一批关键意见领袖带来流量。2017 年 3 月 13 日，某相声演员在自己具有千万粉丝的微博上转发了一条他的模仿者的短视频，称其为"这是我见过最像的"，视频下面是抖音的徽标。第二天，抖音的百度指数就蹿升 2000 多点。随后，抖音和很多音乐人合作，以赞助商的身份进入某音乐选秀节目。

2017 年 8 月，抖音短视频国际版"TikTok"上线。2017 年 11 月，今日头条收购北美音乐短视频社交平台"Musical.ly"，并与抖音合并。

截至 2018 年 6 月，抖音短视频的日活跃用户数量已经超过 1.5 亿人，月活跃用户数量已经超过 3 亿人。图 8-53 所示为抖音和抖音海外版"TikTok"的徽标。

图 8-53 抖音和抖音海外版"TikTok"的徽标

抖音主要定位为年轻人的音乐短视频社区，其主要用户可以分为以下三类：内容生产者、内容次生产者以及内容消费者。

1. 内容生产者

这类用户是我们通常所说的"网红"用户，他们处在每个 App 的前端。在抖音，这样的用户群体在音乐和短视频制作上都有很高的热情和专业度，会打造个人品牌甚至商业矩阵，也会花精力运营粉丝和社群。

2. 内容次生产者

这类用户追随内容生产者，通过模仿制作出自己的作品。抖音提供平台，让该人群有机会表达自我，让更多人看到他们。

3. 内容消费者

这类用户没有很强烈的意愿表达自我，只是在平台上看精彩的作品，填补自己的碎片时间，或在这个过程中对自己有所启发，使自己有所收获，给生活增添乐趣。

据粗略统计，大部分的用户原创产品（平台），内容生产者与消费者的比例大概是 1:100。

表 8-12 所示为三类用户的特点和目的。

表 8-12 三类用户的特点和目的

用户分类	特点	目标
内容生产者	热情、专业	个人品牌、商业矩阵
内容次生产者	模仿、渴望表达	增加知名度
内容消费者	表达意愿低	填补碎片时间

根据对这三类用户的特点与目标的了解，抖音短视频主要打造：首页的推荐，系统根据用户的喜好或好友名单自动推荐内容；同城内容推荐，用户可以看到周边同城用户的推荐；关注页，汇聚了账号关注的抖音号，用户可以看到关注的账号按时间发布的作品；消息页，有粉丝、收到的赞、提到自己的人及对作品的评论个人页，用户可以看到自己的主页、粉丝量和作品栏。

8.4.1 任务一："带货"短视频案例分析与脚本撰写

结合"带货"短视频案例的学习，在抖音短视频平台挑选一个"带货"短视频（左下角带有购物车链接),时长要求一分钟以上。对该短视频的营销文案进行解析,分析其打动消费者的关键元素,并结合该案例撰写命题短视频脚本。

需要注意的是,抖音及快手中只有"蓝V"可以直接发布产品的营销视频。

1. 自选"带货"短视频

在抖音平台选择一款"带货"短视频,完成表 8-13 短视频基础信息表。

表 8-13 短视频基础信息表

视频标题	
视频文案	
购物车文案	
发布日期	

2. "带货"短视频案例分析

对整个案例短视频进行解析划分,通常该类短视频大致分为开场导入的背景介绍、产品的逐一介绍、优惠机制与催促购买三大部分,也可以根据视频的实际情况进行划分,最后计算各部分内容占总时长之比。

以某酒类知识自媒体的短视频为例(60 秒介绍 6 款酒),进行分段解读,引导学生按照案例依次完成对自选"带货"短视频的内容拆解。

1)背景介绍

三秒钟,对短视频而言是一个十分重要的时间刻度。早已经被各种视频包围,变得挑剔的用户,他们的耐心变得极度有限。如果一个短视频不能在前三秒内引发用户的兴趣与好奇,那么等待它的就只有被划走的命运。案例短视频正是在"黄金三秒"的内容上下足了工夫。

表 8-14 所示为案例短视频背景介绍部分的脚本分解。

表 8-14 案例短视频背景介绍部分的脚本分解

段落	文案	备注
背景介绍	少女们在双 11 都囤什么酒呢	在 3 秒之内讲完,把目标消费群体锁定在自我认知为少女的群体,这是一个典型的心理唤醒技巧,为接下来的细分品类产品推荐铺路
背景介绍	当然按口味和颜值都得甜美	口感甜美、颜值甜美、而且是店里面卖得最多的,三个特征给消费者树立心理预期——接下来推荐的产品已经有很多人买;而且超好看,可以晒在朋友圈中;口感偏甜不会和烈酒一样难入口易上头
背景介绍	今天我介绍我们店里的少女们	强调少女身份
背景介绍	买得最多的六款酒	强调少女身份

依照上述对案例视频的逐句分析,完成对所选视频的解读,填写表 8-15。

表 8-15 短视频背景介绍部分的脚本分解

段落	文案	备注
背景介绍		

2）产品介绍

消费者早就进入了浅尝试购买，尤其是一般没有长期酒类消费经验的女性，并没有对这些细节有太多的关注。无论什么时代的市场营销，都应该以消费者为中心，而不能以产品为中心。

过去，酒类口感的描述可能是这样的：山魂水魄、荡气回肠、味道醇厚甘洌、酒体饱满圆润、酒香浓郁持久、感受源远流长。对于上述描述，大龄男性白酒消费者可能不会陌生，但是年轻女性消费者听得懂么？愿意听么？案例视频中对第一款产品是这么形容的："仙鹤湖桃红少女，甜度指数两颗星，喝上去巨柔，就像是含了一口软乎乎的水蜜桃一样的感觉"。内容包括产品名与标点符号，一共40个字，突出了两个特点：有点甜且很柔——说明好入口，软乎乎的水蜜桃，是对柔与甜的更具视觉与口感联想能力的解读。一个女性消费者可能无法想象什么叫山魂水魄、醇厚甘洌，但大概知道什么叫水蜜桃，也知道什么叫软乎乎。

这就是短视频里面对产品描述的重点——降低成本，降低消费者理解、想象与决策的成本。我们见过烧脑网剧但从来没有烧脑短视频，所以在短视频营销上千万不要用需要消费者深度思考才能想象出来的感受与场景去描述产品，这会给消费者带来困惑。

下面我们根据一个例子，分析如何让短视频在有限的时间内，更好更多地向观众传达产品信息。

表 8-16 案例视频产品介绍部分的脚本分解

段落	文案	备注
1 仙鹤湖桃红少女	仙鹤湖桃红少女	6秒
1 仙鹤湖桃红少女	甜度指数两颗星	实际上没有标准或者满分值，但是打分可以让消费者有相对的概念
1 仙鹤湖桃红少女	喝上去巨柔	用感性且简单的词汇描述，"柔"让一般不喝烈酒的女性也能放低戒备

续表

段落	文案	备注
1 仙鹤湖桃红少女	就像含了一口软乎乎的水蜜桃一样的感觉	借用水果引起消费者想象
2 仙鹤湖莫斯卡托	仙鹤湖莫斯卡托	8 秒
2 仙鹤湖莫斯卡托	甜度指数三颗星	打分可以让消费者有相对的概念
2 仙鹤湖莫斯卡托	是有明显的甜感的	明确特质
2 仙鹤湖莫斯卡托	但因为酸甜平衡做得好	明确特质
2 仙鹤湖莫斯卡托	喝上去就像是水晶葡萄一般的晶莹剔透	借用水果引起消费者的想象
3 觅觅花园薰衣草	觅觅花园薰衣草	11 秒
3 觅觅花园薰衣草	甜度指数五颗星	打分可以让消费者有相对的概念
3 觅觅花园薰衣草	是属于你喝一瓶都绝对不会腻的	从"不会甜腻"角度切入
3 觅觅花园薰衣草	如果你平时喜欢喝玫瑰花茶这种类型的	一般女性都有玫瑰花茶的体验，从消费者已有的体验或者想象来描述一款未体验过的产品
3 觅觅花园薰衣草	一定会喜欢他	总结
3 觅觅花园薰衣草	一个乙醇版的花酒	总结
4 觅觅花园无醇葡萄酒	觅觅花园无醇葡萄酒	7 秒
4 觅觅花园无醇葡萄酒	甜度指数四颗星	打分可以让消费者有相对的概念
4 觅觅花园无醇葡萄酒	完完全全的零度乙醇	明确特质
4 觅觅花园无醇葡萄酒	XX 也可以喝	强调人群
4 觅觅花园无醇葡萄酒	特别适合那种需要以茶代酒的场合	运用场景描述引起消费者兴趣
5 仙鹤湖甜红	和无醇葡萄酒口感相似，甜度相近的	3 秒
5 仙鹤湖甜红	就是用心呵护的甜红酒乙醇版	不多做描述，形容为一款产品的乙醇版
6 觅觅花园小花束起泡酒	觅觅花园小花束起泡酒	9 秒
6 觅觅花园小花束起泡酒	甜度指数 0.5 颗星	打分可以让消费者有相对的概念
6 觅觅花园小花束起泡酒	拥有起泡酒非常清爽的酸度	借用相似物的体验，想象产品
6 觅觅花园小花束起泡酒	解任何油腻的食物	谁不喜欢高热量食物呢？

依照上述对案例视频的逐句分析，完成对所选视频的解读，填写表 8-17。

表 8-17　短视频产品介绍部分的脚本分解

段落	文案	备注

3）促销介绍

我们可以看到案例视频大约用了 5 秒解读整个优惠机制，用最后的时间配合肢体语言催促消费者点击"购物车"进店购买。

表 8-18 所示为案例视频产品促销部分的脚本分解。

表 8-18　案例视频产品促销部分的脚本分解

段落	文案	备注
优惠机制说明	这样的六支少女酒	5 秒
优惠机制说明	原价 388 元	画外音：六支这么多似乎也不是很贵
优惠机制说明	预售价 299 元	画外音：便宜差不多 100 元
优惠机制说明	付定金立减 50 元，到手 249 元	画外音：听起来更便宜了
催促购买	戳戳戳	引导点击购物车

依照上述对案例视频的逐句分析，完成对所选视频的解读，填写表 8-19。

表 8-19　短视频产品促销部分的脚本分解

段落	文案	备注

3."带货"短视频脚本撰写

结合上述内容，模拟促销情景，对一款零食进行短视频营销，以吸引更多消费者购买为目的，撰写文案，介绍产品，突出特点。

（1）选择一款心仪的零食进行短视频推销，整理零食的详细信息。

（2）根据搜集到的信息与亲身体验，编写短视频脚本与文案，短视频预估时间在 1～3 分钟，完成表 8-20。

表 8-20 饮料短视频脚本

段落	文案	备注
开场介绍		
…		
产品介绍		
…		
促销介绍		
…		

（3）教师点评，对每组短视频脚本进行修改完善。

8.4.2 任务二：美食短视频拍摄

依据命题，首先完成产品调研，然后拍摄营销短视频，最后上传至抖音平台，检查营销效果。挑选一款你喜欢的美食，参考课堂学习的知识，用手机拍摄短视频（1分钟左右）对该产品进行推广介绍。图 8-54 所示为美食图片。

图 8-54　美食图片

要求将短视频上传至抖音，接受公众检验。

（1）点击抖音程序，系统会加载一个抖音的主界面，如图 8-55 所示。我们可以看到下方中间位置有个"+"号，这个"+"号就是用来上传抖音文件或拍摄用的（截至 2021 年 7 月平台操作界面）。

图 8-55　"点击开拍"界面

（2）点击"+"号，系统会跳转到另一个界面，而后在下方有一个上传图标，如图 8-56 所示。点击"上传"后就可以看到手机里面拍摄的图片和视频。

图 8-56　抖音界面"上传"

（3）选择好手机里面拍摄的视频文件，点击"下一步"，可以进入文件的一个预览状态，在这里我们可以选择视频的截取片段，因为默认上传的视频，只能是 15 秒。图 8-57 所示为素材选择与预览界面。

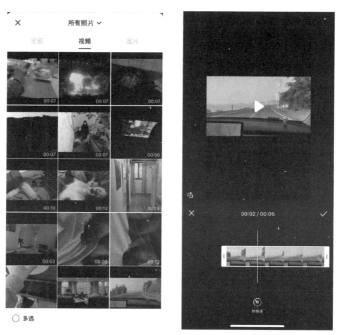

图 8-57　抖音界面"上传"

（4）选好视频容量，点击"下一步"，进入视频的编辑页面，可以选择配乐、特效、文字和贴纸，也可以选择滤镜、画质增强、变声以及自动字幕等，如图 8-58 所示。

（5）在标题编辑页面，输入标题文字，输入完成后，点击右下角的"发布"，就将视频文件发布到抖音上了，如图 8-59 所示。

图 8-58　视频的编辑页面

图 8-59　标题编辑页面

（6）根据短视频在抖音平台投放的效果，进行经验总结。
① 点赞量；
② 评论量；
③ @你；
④ 播放量。

图 8-60 所示为抖音后台消息界面。

图 8-60　抖音后台消息界面

8.4.3　小贴士：抖音短视频内容策划与运营技巧

抖音短视频内容运营技巧如下所示。
技巧一：如何创造"爆款"短视频内容
"与众不同"是成就出色短视频内容的最便捷途径之一。我们可以采取如下几种策划技巧，创造出"新、奇、特"的短视频内容。

1. 剧情反转

剧情反转是短视频用户最喜欢的内容之一，其中的关键技巧就是"对立型创新"，即内容在情理之中，结局在意料之外。例如俊男美女多生活在大都市中，身着名牌服饰，出入高档场所等。假如你的视频里的俊男美女在街边叫卖，就属于内容反转，会带给用户耳目一新的感觉。

我们在策划短视频内容的时候，可以采用头脑风暴的方法，将剧情在合理的范围内尽可能地开动脑筋，不让观众轻易猜到结局，创作出不可思议的好作品。

2. 集成创新

借鉴爆款视频是集成创新的主要技巧，即通过拆解成功视频中的爆款元素，将这些元素植入到我们的短视频中，将多个爆款元素集合在一起，形成新的视频内容。

比如某支舞蹈非常火爆，可以换成帅哥美女来进行表演，效果可能更加火爆；再例如有的视频内容非常有趣，但是制作条件简陋（视频不清晰、剪辑效果差等），我们可以借鉴其中的内容元素，通过二次创作并采用精致的制作技巧，很可能会使短视频火爆起来。

集成创新，主要是借鉴爆款视频的优点，加入自己的创新元素进行创新，这种内容创作技巧非常有效。另外，在借鉴的过程中，忌讳完全照搬，一定不要做抄袭者，不要成了山寨搬运者。

3. 行业揭秘

俗话说"隔行如隔山"，生活中的普通人对于非自己所从事的行业并不了解，甚至一无所知，抓住这种用户的特点，将一些普通人很难见到的行业内容展现出来，就会促使大量粉丝观看。例如女性常用的某款畅销化妆品是怎么生产出来的，原料有哪些，如何进行制作，如何包装等，这些都是外行人所不了解的。将这些不为人知的内容拍摄出来，就可以获得对此感兴趣的粉丝。甚至一些做菜的配方、绘画的技巧等，都属于揭秘类型的短视频内容。

业内人士对自己的行业知识习以为常，但也渴望了解更多的专业内容，再加上行业外人士的求知欲，使这类视频可以吸引与行业相关的精准粉丝。揭秘类短视频创作切忌展现那些枯燥乏味的内容，要尽量展现那些精彩、炫酷、科技范十足的细节，展现那些有趣、好玩、了不起的精彩节点。

4. 角色扮演

角色扮演，指的是通过角色互换、角色模仿、对口型、音乐假唱等方式，创作出另类的视频。包括采取男女互换、动物与人互换、人与物互换、语言模仿等不同的方式进行表演。

比如某男性网红同时扮演男女两个不同的角色，自己与自己进行对话和沟通，意外地发现女版比男版更受粉丝欢迎。

5. 把握热点

把握热点是我们在新媒体内容策划中提及许多次的技巧之一。在短视频领域，借助热点依旧是很棒的内容策划的策略，但需要注意及时跟进，不要错过了热度。

6. 技术展示

技术可以作为内容的补充。假如你的团队有很棒的剪辑人员，就可以借助相关技术，创作玄幻、科幻等科技范十足的视频。依靠独特的剪辑技术爆火的账号比较多，比如抖音红人"黑脸V"的短视频就通过剪辑技术，制作炫酷视频，吸引粉丝。

短视频时代，任何媒体内容都可以用视频重新演绎一遍。在技术流面前，任何视频内容，都可以用剪辑技术重新升级一遍。这也启示我们，拥有出色的剪辑技术，是短视频时代重要的技巧之一。

7. 巧用标题

对新媒体内容来说，拟定标题是非常重要的一个环节。通过观察可以发现，许多短视频的内容并不精彩，但配合适当的标题就能达到触动观众的效果。比如一个小男孩的眼睛红红地望向镜头，没有言语，此时配上一段标题"过完年了，爸爸妈妈又出去打工了，下次能不能带我一起去"，这就会打动许多观众，获得人们的点赞支持。

如果内容比较普通，就想办法起一个绝佳的标题。

8. 干货至上

如果你掌握不到前面的各种技巧，没有关系，你只需要将短视频打造得"干货满满"即可。把最好的技巧、知识、经验直接分享出来，就是最好的技巧。例如美妆短视频达人告诉你如何化妆打扮、时尚达人的短视频告诉你如何穿衣等。

技巧二：抖音平台带货技巧

抖音营销短视频分为几种类型进行带货：①主打性价比的卖工厂货的短视频；②主打价格类型种草类的短视频；③主打产品功能展示测评类的短视频等。但是，随着短视频营销活动的不断创新，"组合类"短视频成为了抖音的带货翘楚。

1. 性价比+价格+痛点

以牛肉哥、曹小派这类主打价格的带货抖音达人为主，他们接的品牌大多为知名度很高的大牌，即俗称硬通货的品牌和产品，依靠品牌自带的流量为自己涨粉和增加公信力。

2. 效果+产品+直播

头部红人自然不必多说，还有更多新晋的网络红人。他们一般不会强调价格优势，而是直接使用产品，给粉丝直观地看产品效果。推广的商品都由网红运营机构下的选品团队或由代运营机构提供，收取的费用往往为广告费与佣金。该类短视频凭借达人自身的公信力，只要粉丝看到效果好就能消费。

3. 种草类+主打产品功能+便宜大

这类视频以无人设种草为主，通常文案是"把你家的xx扔了吧"等，通过直接展示某种现有产品的使用痛点，然后代入自己的广告产品来解决这个痛点，再加上价格便宜等因素，可以轻松让用户下单。

4. 测评类+测评打假

这类视频的达人通过吐槽一些网红产品，客观地说出这些产品的缺点，帮用户拔草，然后引起粉丝的赞扬和信任，之后再推出自己要卖的产品。

5. 剧情+活动+接广告

目前剧情类作品大多都是专业机构创造完成的，通过短剧的形式来卖货，有的是纯段子，有的则是广告。比如某个品牌的新品广告，通过段子的形式将这个产品带入，从而实现卖货或者展现的目的。这类视频的制作成本较高，场景、文案、剧情、拍摄都比较麻烦，往往要拍好几遍才能符合品牌的调性。

6. 连续剧+商品植入+轻广告

为了解决剧情类转化不高的问题，现在剧情类作品开始流行拍连续剧的模式，其中不乏制作精良的脚本。这种脚本只要留有承上启下的悬疑点，就能吸引更多的粉丝关注，增加账号的黏性，加大视频的曝光量。

7. 明星+粉丝群体

明星有天然的流量，上镜就有人看，通过他们在抖音的粉丝画像，来定制出产品，通过剧情形式卖货。

课堂讨论：思考"带货"短视频内容的策划与运营有哪些通用的技巧。

8.5 本章小结

不同的新媒体平台，其内容制作都有自己的特点与技巧。本章结合具体的新媒体平台，覆盖资讯内容平台、社交平台、内容电商平台和短视频平台等，进行内容制作实战，掌握其内容策划的方法以及内容运营的技巧。